Vreni Merz

Übungen
zur Achtsamkeit

Mit Kindern
auf dem Weg zum Zen

Vreni Merz

Übungen zur Achtsamkeit

Mit Kindern auf dem Weg zum Zen

Mit einem Vorwort
von Niklaus Brantschen

Kösel

© 2002 by Kösel-Verlag GmbH & Co., München
Printed in Germany. Alle Rechte vorbehalten
Druck und Bindung: Kösel, Kempten
Fotos/Umschlagmotiv: Ursula Markus, Zürich
Tuschzeichnung: Thomas Reich, Deisenhofen
Umschlaggestaltung: Elisabeth Petersen, München
ISBN 3-466-36608-9

Inhalt

Vorwort von Niklaus Brantschen   9

Einstimmung   11

Zu diesem Buch   12

Was ist Zen?   15

Erster Teil: Das Eine tun   19

Nicht so schnell!   20

Im Hier und Jetzt   25

Atmen und leben   29

Das Eine ganz   32

Beispiele   39

Vorbemerkungen   39

1 Nur stehen   41

2 Nur gehen   42

3   Nur liegen   43

4   Nur denken   44

5   Nur sehen   45

6   Nur hören   47

7   Nur tasten   48

8   Nur schmecken   49

9   Nur riechen   50

10   Nur sitzen   51

Zazen – wie geht das?   52

Zweiter Teil: Innehalten   57

Die kleine Weile zwischendurch   58

Sammeln – Wahrnehmen – Verweilen   65

Beispiele

Vorbemerkungen   75

1   Innehalten beim Ballspiel   76

2   Innehalten am Mittagstisch   78

3   Innehalten beim Malen   80

4   Innehalten am Bildschirm   82

5   Innehalten beim Aufräumen   84

6 Innehalten vor dem Portal   86

7 Innehalten an der Bushaltestelle   88

8 Innehalten im Unterricht   90

9 Innehalten vor dem Meerschweinchen-
   käfig   92

10 Innehalten im Klassengespräch   94

11 Innehalten bei den Hausaufgaben   96

12 Innehalten am offenen Fenster   98

Dritter Teil: Dabeibleiben

101

Langsam statt langweilig   102

Mit den Kindern statt für die Kinder   107

Beispiele

Vorbemerkungen   111

1 Eine Mandarine schälen   113

2 Die Puppe schlafen legen   115

3 Am Feuer sitzen   116

4 Eine Stadt bauen   117

5 Farbstifte spitzen   118

6 Eis schlecken   119

Ausklang   121

  Achtsamkeit als Gegenprogramm   122

  Dank   126

  Literaturhinweise   127

Vorwort

Fjodor Dostojewski hat einmal gesagt, wir sollten die Kinder lieben, denn sie seien eine Belehrung für uns. Von den Kindern können wir viel lernen – das Staunen zuerst. Kinder sind offen, und sie öffnen staunend Augen und Mund; sie sind absichts- und arglos, unvoreingenommen und leben im Jetzt. – Diese übliche Vorstellung stimmt allerdings nur bedingt. Zeit- und Leistungsdruck und in der Folge Nervosität und fehlende Achtsamkeit machen vor Schule und Familie nicht Halt. Vreni Merz weiß um diese Situation. Sie, die regelmäßig Zen praktiziert, hat als Gegenprogramm eine Reihe von Übungen zur Achtsamkeit entwickelt. Es sind Übungen nicht für, sondern mit den Kindern. Beide lernen, Erwachsene wie Kinder, und sie lernen zusammen. Diese Übungen haben mich bereits beim ersten Durchlesen gepackt. Man kann ihnen kaum widerstehen.

Ich wünsche den Leserinnen und Lesern die durch Übung wieder gewonnene Leichtigkeit des Seins!

Niklaus Brantschen

Einstimmung

Zu diesem Buch

Die Idee zu diesem Buch ist an der Kasse in einem Supermarkt entstanden. Ich schob den Einkaufswagen und stand Schlange, vor mir ein Kind mit seiner Mutter. Mir fiel gleich auf, dass das Mädchen wie gebannt auf seinen Arm blickte, als ob es da etwas Spannendes zu sehen gäbe. Und ob! Ein schwarzer Käfer kroch daher, langsam aber sicher von Oberarm zu Unterarm. Nein, es war kein Käfer von der edlen Sorte – kein Marienkäfer und auch kein Schmetterling. Im Gegenteil. Wahrscheinlich hätte ich das Ungeziefer im Nu verscheucht.

Ganz anders das Mädchen. Keine Sekunde lang wandte es die Augen ab. Schützend hielt es die Hand zur Seite, damit das unscheinbare Tier die Fühler strecken und seines Weges krabbeln konnte in dieser ganz und gar naturfernen Umgebung. Während die Mutter ihre Einkäufe aufs Rollband legte, stand es reglos da, ohne sich von den Süßwaren ablenken zu lassen, die nahe an der Kasse zum Kauf angeboten wurden. Ohne aufzuschauen trug es seinen Schützling hinaus, während es der Mutter nachtrippelte, dem Ausgang zu.

Als ich anfing, Zen zu üben und mich mit Zen zu befassen, kam mir diese Episode öfters in den Sinn. Denn Zen bedeutet mehr, als nur ein bisschen aufzupassen und konzentriert zu sein. Zen ist ein Weg der Achtsamkeit – auch Unscheinbarem gegenüber. Zen lehrt, mit allen Kräften ganz im Hier und Jetzt zu sein.

Die Kinder sind dazu oft fähiger als wir. Dann sind es die Erwachsenen, die wieder mehr zum Ursprünglichen zurückkehren müssten, um einen Käfer, Menschen oder Dinge neu sehen und beachten zu können. Jedenfalls ist ein achtsames Leben farbiger, intensiver und nicht zuletzt interessanter als ein unachtsames.

Die Fähigkeit, sich ganz auf die Gegenwart einzulassen, ist lernbar. Wir können zusammen mit den Kindern entsprechende Entdeckungen machen. Alltägliche Situationen bieten sich an, um gemeinsam mit ihnen aufmerksamer, empfindsamer und wertschätzender zu werden. Zen ist ein Weg in diese Richtung. Er ist einfach und unkompliziert, aber alles andere als trivial. Eine Unmenge Literatur ist zur Zen-Lehre entstanden, aber bisher gibt es kaum eine Publikation, die zeigt, wie man die Zen-Praxis gemeinsam mit Kindern im Alltag umsetzen kann.

Hier setzt dieses Buch an. Es will Erwachsene zu dieser höchst spannenden pädagogischen Aufgabe anregen. Neben grundlegenden Erläuterungen werden Lebens- und Lernsituationen beschrieben, die in der Schule, im Kindergarten und in der Familie gestaltet werden können. Interessierte Erziehende bekommen Anregungen und Hilfen, um gemeinsam mit den Kindern dem Alltag mehr Qualität zu geben. Nicht zuletzt geht es dabei um eine Spiritualität, die allen Weltreligionen zugrunde liegt: Es geht um Achtsamkeit gegenüber allem und jedem. Und es geht darum, sich dieser Achtsamkeit nicht nur bewusst zu sein. Sie soll auch sichtbar werden im konkreten Verhalten.

Die drei Teile des Buches beschreiben drei Wege zum gleichen Ziel. Jeder Weg setzt einen andern Akzent. Im ersten Teil wird gezeigt, wie viel Achtsamkeit frei wird, wenn man nur geht, nur steht usw. und dabei dem eigenen Atem folgt. Auch das Sitzen in der Stille, wie es zur Zen-Meditation als Grundübung gehört, ist eine Möglichkeit. Wir werden aufzeigen, in welcher Form sie sich für Kinder eignet. Die Übungen im ersten Teil sind – gerade weil sie sehr einfach sind – vielleicht die schwierigsten.

Im zweiten Teil des Buches wird angeregt, alltägliche Situationen bewusst zu unterbrechen, um einen Moment lang innezuhalten. Solche Unterbrüche sind Pausen besonderer Art: Sie helfen, sich der eigenen Umgebung aufmerksam zuzuwenden und sie so zu respektieren, wie sie ist. Gemeinsam mit uns lernen die Kinder, sich zu sammeln, sich selbst und ihr unmittelbares Umfeld wahrzunehmen und darin für einen Augenblick zu verweilen.

Der dritte Teil des Buches macht unter anderem deutlich, was Kinder auch von sich aus können: Oft sind sie – wie das Mädchen im Supermarkt – ganz präsent und wach und völlig achtsam, sodass wir als Erwachsene von ihnen lernen können. Dann sind sie uns sozusagen auf dem Zen-Weg ein Stück voraus. Es liegt an uns, ein paar Schritte auf diesem Weg mit ihnen gemeinsam zu gehen.

Was ist der Weg –
er liegt vor deinen Augen!
Wei-kuan

Was ist Zen?

Zen ist der Geschmack von wilden Erdbeeren. Zen ist die kleine rote Frucht, eine unspektakuläre Entdeckung zwischen dem Blattgrün. Zen ist die stille Überraschung in diesem Augenblick, die spontane Lust, mit der man eine solche Beere pflückt und isst. Zen ist der Genuss auf der Zunge, das einmalige Aroma einer kleinen Beere aus dem Wald.

Das mag eigenartig klingen. Genau so ist es: Das Eigenartige ist das Wesen des Zen. Es gibt zwar da und dort Beeren und Früchte, die wir gerne essen. Aber jede Gelegenheit dazu ist einmalig, und jede Erdbeere hat ihre eigene Gestalt.

Stellen Sie sich einen warmen Sommertag vor, den Geruch von feuchter Erde und einen Weg durch den schattigen Wald. Sie sind auf einem Spaziergang. Sie hören das Gezwitscher der Vögel in den Zweigen, und plötzlich, rechts am Wegrand, sticht Ihnen ein roter Punkt ins Auge. Sie verlangsamen Ihre Schritte. Sie bleiben stehen und bücken sich. Und siehe da: Nicht nur eine, sondern mehrere reife Erdbeeren wachsen an diesem unscheinbaren Ort. Mit der einen Hand streichen Sie die Blätter zur Seite, die andere strecken Sie zielstrebig nach den kleinen Früchten aus. Mit Daumen und Zeigefinger greifen Sie behutsam zur dunkelsten Beere. Sie ist überreif, denn kaum berührt, fällt sie vom Stiel. Sie nehmen die Beere in den Mund, zerdrücken sie sanft zwischen Gaumen und Zunge. Was Sie jetzt wahrnehmen und genießen, hat es in Ihrem Leben bisher nie gegeben und wird es auch in Zukunft kein zweites Mal geben.

Oder doch? – Sie werden widersprechen und sagen, das hätten Sie oft erlebt, letzten und vorletzten Sommer und vor Jahren schon hätten Sie immer wieder die süßesten Walderdbeeren gefunden. Vielleicht läuft Ihnen beim Lesen dieser Zeilen das Wasser im Mund zusammen. Erinnerungen werden wach an Ferienwanderungen, allein oder mit andern, an den geschulterten Rucksack, den Wind, die Wolken und den blauen Himmel. Und Sie wissen noch genau, wo jene Waldschneise liegt, in der Sie die Erdbeeren gepflückt und gegessen haben. – Ja, aber das war einmal. Was uns hier interessiert, ist weder Vergangenes noch Zukünftiges. Es geht um den aktuellen Augenblick, in dem wir eine Erdbeere in den Mund nehmen. Wir machen dann nämlich eine Erfahrung, die wir so noch nie gemacht haben und die sich auch nie mehr in der gleichen Weise wiederholen wird. Wir können hundertmal eine Erdbeere essen und keine wird sein wie die andere. Es ist eine unbestrittene Tatsache, dass jede Erdbeere eine Frucht für sich ist – einzigartig in Größe, Farbe und Geschmack. Auch wir selbst sind jedes Mal ein bisschen anders, wenn wir eine Erdbeere finden, und auch unsere Umgebung wird unterschiedlich sein, wenn wir wieder einmal Erdbeeren vor uns haben.

Die ungeteilte Aufmerksamkeit auf den Genuss im Hier und Jetzt ist die Idee des Zen. Und in der Einmaligkeit jeder Situation liegt die Fülle des Lebens.

Wir können uns auch vorstellen, zusammen mit Kindern in den Wald zu gehen und Erdbeeren zu finden. Es ist zu überlegen, wie es möglich wird, zusammen mit ihnen diese wilden Früchte wie kostbare Schätze zu entdecken, die

Beeren sorgsam zu pflücken und zu essen. Es würde heißen, gemeinsam mit ihnen wach zu sein, um das Leben in der Gegenwart mit allen Sinnen zu erfahren und auszuloten.

Zen heißt, dass eine spezifische Form von Aufmerksamkeit eingeübt wird. Weder disziplinarische Maßnahmen noch die Umsetzung einer fernöstlichen Religion sind damit gemeint. Zen wurzelt zwar in der asiatischen Kultur und in der vielschichtigen buddhistischen Tradition. Aber Zen ist seit jeher »das tägliche Bewusstsein« (Baso Matsu, gest. 788), die Konzentration aller Kräfte auf einen Augenblick. Dazu braucht es weder eine bestimmte Konfessionszugehörigkeit noch eine spezielle Ausbildung. Nicht einmal besondere Talente sind gefragt. Wir müssen uns auch nicht krampfhaft an etwas halten, wir brauchen nichts zu entbehren und nichts zu ersehnen. Zen ist eine Hochform von »Carpe diem« – »Nutze den Tag«. Egal, was der Tag bringt und was man tut – es gibt keinen bedeutsameren Moment als den gegenwärtigen. Man erfährt ihn, wie er ist. Wach und präsent zu sein ist alles, was dazu nötig ist. – So einfach ist Zen. Und manchmal ist das Einfache doch nicht ganz einfach.

Wer Zen auf eine bloße Lebensphilosophie reduziert, die es mit dem Intellekt zu verstehen gilt, greift zu kurz. Zen ganzheitlich zu erfahren ist wichtiger als Zen zu erklären. Das Entscheidende ist der handelnde Vollzug: Das bewusste Stehenbleiben vor einer Erdbeere, das Sich-Niederbücken, das Greifen und Kosten in der konkreten Situation sind mehr als eine bloße Vorstellung davon. Zen ist praktisch. Zen ist sinnlich. Körperliche Komponenten spielen eine äußerst wichtige Rolle, weil sie spürbar auf den Geist einwirken und helfen, mit sich selbst und der Umwelt in Kontakt zu treten.

Die zentrale Übung des Zen ist deshalb auch primär eine körperliche: das aufrechte Sitzen. Hier können wir für uns ohne Zweifel etwas lernen aus der östlichen Meditationspraxis. Dieses Sitzen in der Stille (»Zazen«) bringt Leib und

Seele fühlbar zusammen. Aufrechtes Sitzen, das »Thronen ohne Thron«, ist wohl die schlichteste Form, um den Augenblick so bewusst wie möglich wahrzunehmen ohne abgelenkt zu sein. Das Schweigen und die offenen Augen haben dabei eine besondere Wirkung. Wer eine Zeit lang sitzt und schweigt, wird durch und durch von diesem Schweigen erfasst und bleibt trotzdem hellwach. Schweigen beruhigt Körper und Geist, es zentriert und stärkt. Zudem wird das ganze Bewusstsein auf das regelmäßige Ein- und Ausatmen gelenkt, was die innere und äußere Sammlung zusätzlich unterstützt.

Diese Form der Übung ist sozusagen das Markenzeichen des Zen. Aber Zen beschränkt sich nicht allein darauf. Zenmeisterinnen und Zenmeister werden nicht müde zu betonen, dass Konzentration und Sammlung auch im Alltag spürbar werden sollen. Hier wird für uns, die wir in verschiedenen Kontexten leben, Zen erst richtig interessant: Wir können zusammen mit den Kindern versuchen in unterschiedlichen Situationen – beim Arbeiten und Spielen, beim Essen und Lernen – ganz und gar präsent zu sein.

Alles in allem ist Zen weder außergewöhnlich noch Aufsehen erregend. Aber Zen macht deutlich: Kein Augenblick ist wertlos. Jeder Augenblick ist ein wichtiger Augenblick. Dabei spielt es keine Rolle, ob man gerade steht oder sitzt, ob man Erdbeeren isst, die Schuhe bindet oder einen Vertrag unterzeichnet. Nicht auf die Tätigkeit an sich kommt es an, sondern auf die hundertprozentige Anwesenheit in der Gegenwart.

Erster Teil

Das Eine tun

Menschen in der Stadt
hasten wie Automaten
aneinander vorbei

Haiku von Else Müller

Nicht so schnell!

Kinder von heute werden in eine hektische Zeit hineingeboren. Kaum können sie gehen, werden sie aufgefordert, schneller zu gehen. Aber schon der Weg zum Einkaufsladen ist voll von Schätzen, die entdeckt werden möchten: Der Stein auf dem Boden, ein weggeworfener Trinkbecher, die Schnecke am Straßenrand. Später lädt der Schulweg zum Trödeln ein, man möchte vieles sehen, kosten, erleben. Aber man muss vorwärts machen, zu spät zu kommen ist nicht gut. In der Schule selbst ist ebenfalls in vielerlei Hinsicht Schnelligkeit gefordert. Wer schneller rechnen kann, bekommt die besseren Noten, wer eine Arbeit zügig fertig bringt, wird gelobt. Auch Freizeit und Familienleben sind oft überfrachtet mit Aktivitäten, denen man zügig nachzukommen hat. Ein Vergnügen jagt das nächste, ein Anspruch den andern. Kinder machen mit im Handballklub, im Jugendchor. Sie gehen in den Ballettunterricht und zum Bastelnachmittag. Der Mensch hat schon im zarten Alter einen vollen Terminkalender. Computer- und Fernsehprogramme tragen das Ihre dazu bei. Sehen und gleich wegsehen, den nächsten Knopf drücken, sonst verpasst man etwas. Kinder lernen das schnelle Sehen, das rasche Agieren und Reagieren. Bloß keine Zeit verlieren!

Der Preis für schnelles Erleben ist ein Verlust an Intensität und Tiefe. Was schnell vorübergeht, kann man kaum beachten und höchstens an der Oberfläche erfassen. Im Grunde genommen verpasst man es ständig, Situationen und Dingen wirklich zu begegnen, geschweige denn sie auszuloten. Man kann nie wirklich »bei etwas sein«, schon gar nicht mit allen Sinnen. Der Apfel ist gegessen, ohne dass man seine rotgelbe Schale gesehen, ja bevor man ihn bewusst in die Hand genommen hat. Man beißt ins Fruchtfleisch und merkt kaum, was man isst, weil man gleichzeitig die Zeitung liest und in der Straßenbahn durch die Stadt fährt. Und während man sitzt und die Zeilen überfliegt und den letzten Bissen schluckt, weiß man kaum mehr, dass man etwas im Mund hatte. Aber auch das muntere Geplapper des kleinen Kindes auf dem Schoß der Frau gegenüber hat man nicht mitbekommen. Man hat den Straßenlärm nicht bemerkt und das vertraute Geräusch der Regentropfen überhört, die an die Scheiben trommeln und kleine Wasserbäche am Fenster herunter rieseln lassen. Dass man unterdessen ständig atmet und deswegen überhaupt am Leben ist, dringt keinen Augenblick ins Bewusstsein. Man spürt nicht, dass man einen Körper hat und mit beiden Füßen den Boden berührt, faltet aber hastig die Zeitung zusammen und greift rasch nach dem Schlüsselbund. In Gedanken ist man längst am Arbeitsplatz. Die Hände tun zwei Dinge gleichzeitig, die Augen schauen irgendwohin und der Kopf beschäftigt sich mit Zukünftigem. Was wir gerade ertasten, befühlen wir nicht. Was uns vor Augen kommt, sehen wir nicht. Und vieles, was an unser Ohr dringt, miteinander und nacheinander, hören wir nicht wirklich. Es kommt und geht, aber es entgeht unserem Erleben. Wir verpassen es.

So geht das Leben im wahrsten Sinne des Wortes »vorüber«, ohne dass es in seinem Geschmack, in seinen Farben und Formen, mit seinen akustischen Reizen und allen damit verbundenen Empfindungen und Emotionen erfahren wird. Alltägliche Handlungen, berufliche Arbeiten und Beschäftigungen der Freizeit sind bei manchen von uns einem Tempo unterworfen, das der Lebensqualität an die Substanz geht. Gleichzeitig ist der Erlebnishunger groß, beinahe unstillbar. Diese Zeiterscheinung bringt das folgende Lied von Reinhard Mey treffend und humorvoll zum Ausdruck:

Alle rennen

Alle rennen, alle traben, alle tun sie irgendwas.
Alle wollen, alle haben einen Riesenfreizeitspaß
Alle brauchen, alle tragen einen vorgeschrieb'nen Dress
Alle hetzen, alle jagen, alle sind im Freizeitstress.
Alle laufen, alle schnaufen, alle strampeln, alle hampeln
Alles regt sich und bewegt sich ringsumher:
Immer schneller, immer höher, immer weiter, immer mehr!

Und ich, ich möchte einfach nur im Gras rumsitzen,
die Ameise den Krümel tragen sehn
und Eidechsen, die über Mauerritzen flitzen,
Libellen, die still überm Tümpel stehn.
Die Kellerassel mit den dünnen, kleinen Beinen
die ihren schweren Leib nach Hause schleppt.
Joggen? Jetzt lieber nicht und Fitnessdrink auch keinen
und keinen, der mein altes Fahrrad noch zum Bike aufpeppt.

Alle brauchen, alle suchen Action und Animation,
alle fluchen, alle buchen doch die nächste Reise schon.
Surfen, skaten und snow-boarden, von der Brücke fall'n am Strick.
Grellbunt aufgestylte Horden auf der Suche nach dem Kick.
Alle trekken wie die Jecken, alle steppen wie die Deppen.
Das Gekletter auf die Bretter bringt's total:

Immer teurer, immer bunter, immer öfter ins Spital!
Und ich, ich möchte einfach nur am Strand rumliegen.
Die warme Sonne spür'n auf meinem Fell.
Die Wellen plätschern hör'n, sehn, wie die Möwen fliegen
und gar nichts tun und das auch ja nicht schnell.
Ich lass Muscheln und Sand durch meine Finger rinnen,
ein Glas Wein durch meine Kehle, kühl und herb.
Ich weiß, mit mir da kann man kein Turnier gewinnen
und auch keinen Pokal und keinen Strandburgwettbewerb.

Alle wollen, alle müssen stets dabei sein und sichtbar
jemand grüßen, jemand küssen, ins Beziehungsseminar
und in die Flamencotruppe, in die Bauchtanztherapie,
in die Selbsterfahrungsgruppe, in die coole Galerie.
T-Shirt malen, Beitrag zahlen, Inhalt suchen, Eierkuchen,
gib der Batik-Problematik einen Sinn!
Immer hipper, immer flipper, immer hopper, immer popper,
immer dreister und zeitgeister, immerhin!

Und ich, ich möchte einfach nur den Regen schmecken,
den Windhauch spür'n, die Wolken ziehen sehn
und Fabelwesen und Gesichter drin entdecken
und wenn schon gehen, dann nur müßiggehn.
Ich übe mich tot stell'n, absagen und verschieben,
die Zeit tropfen hör'n, eh der Quell versiegt.
Ich möchte einfach nur gern leben und dich lieben,
wenn darin nun mal meine wirkliche Begabung liegt.

Reinhard Mey

(Aus dem Taschenbuch »Alle Lieder«,
Maikäfer Musik Verlagsges.mbh, Berlin)

Wir sind heute so weit, dass von einer Hochgeschwindigkeits- und Non-Stop-Gesellschaft gesprochen wird: »Wir beschleunigen uns immer mehr, aber nur, um immer schneller dorthin zu gelangen, wo wir uns immer kürzer aufhalten« (Wolfgang Sachs). Viele Menschen leiden zwar unter diesem Zeitstress, und es fehlt nicht an handfesten Beweisen dafür, dass die rasante Beschleunigung in mancher Hinsicht kontraproduktiv ist und der physischen und psychischen Gesundheit schadet. Trotzdem herrscht durchwegs die Meinung, dass nur die Schnellsten vorankommen und Erfolg haben.

Die Kinder werden von diesem Zeitgeist nicht verschont. Sie sitzen zwangsläufig mit uns im schnellen Boot und müssen lernen Schritt zu halten bzw. mitzuschwimmen. In der Schule und in der Familie werden sie dazu angehalten, nicht langsam zu sein. Schnellere bekommen mehr Anerkennung. Es ist vorteilhafter, zu den Schnellen als zu den Langsamen zu gehören. Die Schnellsten scheinen die Besten zu sein.

Dieses Buch will Erwachsene, die mit Kindern zusammen leben und lernen, zur Entschleunigung einladen. Dabei kann es aber nicht darum gehen, das Rad der Zeit zurückdrehen zu wollen. Ein solches Unterfangen wäre ja unmöglich und widersinnig. Wir können nicht so tun, als gäbe es keine Flugzeuge, keine Computer und keine Handys, als lebten wir wie vor hundert Jahren. Im Gegenteil: Wir sind voll und ganz in unserer Zeit und nutzen ihre Vorteile. Aber es gilt, im modernen, schnelllebigen und technisierten Alltag die Fähigkeiten zum Genuss und zur Beschaulichkeit, die Empfänglichkeit von Sinnen und Gefühlen nicht verkümmern zu lassen. Dazu ist zunächst eine Verlangsamung nötig. Sonst eilen wir an der Fülle des Lebens vorbei – wir laufen ihr buchstäblich davon.

*Jeder Zustand, ja jeder Augenblick
ist von unendlichem Wert,
denn er ist der Repräsentant
einer ganzen Ewigkeit.*

Johann Wolfgang v. Goethe

Im Hier und Jetzt

Was wäre, wenn wir mit unserem Bewusstsein immer dort wären, wo wir in Wirklichkeit gerade sind? Wir müssten wahrscheinlich nie mehr den Hausschlüssel suchen, denn wir würden ihn nicht mehr »gedankenlos« irgendwo hinlegen ohne zu merken wohin. Indem wir den Schlüssel auf den Küchentisch legten, würde uns im gleichen Moment bewusst: Ich lege den Schlüssel auf den Küchentisch. Später, wenn wir ihn brauchen, könnten wir uns daran erinnern. Es gäbe wohl – wenn wir gegenwartsbezogener lebten – auch weniger Verkehrsunfälle. Wir würden beim Autofahren das Steuer in der Hand halten und innerlich dabei sein: Wir haben das Steuer in der Hand! Und beim Schalten des Ganges würden wir nicht daran denken, was wir am Ziel unserer Fahrt tun werden, das wir in einer halben Stunde erreicht haben möchten. Wir wären stattdessen konzentriert dabei, den Gang zu schalten.

Das ist Zen:

- Wenn ich fahre, dann fahre ich.
- Wenn ich Gas gebe, gebe ich Gas.
- Wenn ich ein Moped überhole, überhole ich ein Moped.

Zen ist innere Beteiligung am äußeren Geschehen. Ich bin nicht zerrissen zwischen äußerlichem Handeln und inneren Gedanken. Beides fällt zusammen und ereignet sich im aktuellen Augenblick. Und genau in diesem Augenblick findet das Leben statt. Das klingt beinahe banal. Aber eigentlich ist es nicht selbstverständlich, sondern großartig.

Mit der Arbeit, die mich im Moment in Anspruch nimmt, gestalte ich ein Stück meines Lebens. Wenn ich damit beschäftigt bin und meine gebündelte Energie dafür einsetze, setze ich sie für mein Leben ein. Falls ich aber mit einem Freund im Café sitze und wir plaudern zusammen, hier und jetzt, ist er für mich der wichtigste Mensch zurzeit. Mit keinem andern habe ich es dann zu tun. Ihm gehört mein Leben, auch wenn es nur für fünf Minuten ist. Wenn ich hingegen am Herd stehe, ist die Suppe, die ich gerade rühre, mein Lebenswerk in diesem Augenblick. Es gibt nichts auf der Welt, worauf ich jetzt mehr Einfluss hätte als auf diese Suppe, die vor mir in der Pfanne köchelt.

Die Kunst des Lebens besteht darin, mit allen Kräften ganz im Jetzt zu sein. So lange wir sind, sind wir in der Gegenwart. Das ist unsere Bestimmung.

Schon unser Körper weist uns darauf hin. Jeden Augenblick sind dort komplexe Abläufe im Gang: Pausenlos kreist das Blut in den Adern, die inneren Organe sind laufend in Funktion, und wenn wir nicht gerade schlafen, sind wir fast ständig in Bewegung. Aber auch im tiefsten Schlaf sind wir lebendig. Wir atmen jeden Augenblick, schlafend oder wachend. Ohne zu atmen, wären wir bald am Ende. Qualen stehen wir aus, wenn es uns einmal für kurze Zeit den Atem verschlägt oder wenn uns aus irgendeinem Grund die Luft weg bleibt.

Jeder Atemzug ist wichtig, und jeden Atemzug machen wir immer nur einmal. Es ist unmöglich, einen Atemzug zu wiederholen oder den übernächsten vorwegzunehmen. Wir können auch keinen früheren nachholen. Atmen können wir nur in der Gegenwart. Dasselbe gilt beim Gehen: Wir können jeweils nur den aktuellen Schritt tun. Wir können keinen einzigen, der in der Zukunft liegt, im Voraus gehen. Ebenso sind vergangene Schritte immer schon zurückgelegt, vorbei und abgeschlossen. Es gibt nur den je einen Schritt im Hier und Jetzt.

> »Das Leben in seiner ganzen Fülle
> geschieht in der vollen Achtsamkeit
> auf diesen augenblicklichen Moment.«
>
> Adelheid Meutes-Wilsing
> und Judith Bossert

Diese Erkenntnis lässt sich auf das ganze Leben übertragen: Das Leben mit allem, was es uns zu bieten hat, findet immer nur in der Gegenwart statt. Wir können den Sonnenuntergang von gestern nicht heute genießen und den Geschmack der Schokolade, die wir morgen essen, jetzt auf der Zunge haben. Wir können uns zwar an Vergangenes erinnern und auf Zukünftiges freuen. Aber eigentlich steht uns nur das Gegenwärtige wirklich zu. Wir hören *jetzt*, wir tasten *jetzt*, wir liegen *jetzt*, wir denken *jetzt* ... Alles, was wir früher gehört, ertastet oder gedacht haben, ist vorbei. Es war ein anderes Tasten, ein anderes Denken. Auf Altes folgt Neues. Das Leben ist ständig im Fluss. In diesem Fluss schwimmen wir mit, ob wir wollen oder nicht. Wenn wir Vergangenem nachhängen oder uns von Zukünftigem allzu sehr in Beschlag nehmen lassen, versäumen wir es, das Gegenwärtige voll auszuschöpfen.

Was liegt näher, als sich mit allen uns zur Verfügung stehenden Kräften auf den gegenwärtigen Moment einzulassen? Gemeinsam mit den Kindern können wir immer wieder versuchen, der vitalen Gegenwart volle Beachtung zu schenken. Das gibt den Kindern und uns selber Rückgrat, es bündelt unsere Kräfte statt sie zu zerstreuen.

*Im sanften Windhauch
und Sonnenlichte flüstern
die Sommerbäume.*

Sôjô

Atmen und leben

Die Luft, die wir einatmen, ist das Elementarste, was wir zum Leben brauchen.

»Die Luft ist kostbar für den roten Mann – denn alle Dinge teilen denselben Atem – das Tier, der Baum, der Mensch – sie alle teilen denselben Atem. Der weiße Mann scheint die Luft, die er atmet, nicht zu bemerken; wie ein Mann, der seit vielen Tagen stirbt, ist er abgestumpft gegen den Gestank. Aber wenn wir euch unser Land verkaufen, dürft ihr nicht vergessen, dass die Luft uns kostbar ist, dass die Luft ihren Geist teilt mit all dem Leben, das sie enthält. Der Wind gab unseren Vätern den ersten Atem und empfängt ihren letzten. Und der Wind muss auch unseren Kindern den Lebensgeist geben. Und wenn wir euch unser Land verkaufen, so müsst ihr es als ein besonderes und geweihtes schätzen, als einen Ort, wo auch der weiße Mann spürt, dass der Wind süß duftet von den Wiesenblumen.«

*Aus der Rede des Häuptling Seattle an den 14. Präsidenten der USA
im Jahre 1855*

Ein- und ausatmend verbringen wir jede Minute unseres Daseins. Mehr noch: Der Atem ist das Lebenszeichen schlechthin. Kein Wunder, dass in vielen Religionen der Atem als besondere Kraft gilt. Auch die Zen-Praxis misst dem Atem eine zentrale Bedeutung zu. Wer Zen übt, konzentriert sich so auf das Ein- und Ausatmen, um Körper und Geist fit zu halten und miteinander in Einklang zu bringen.

Zen lehrt, dass wir mit jedem Atemzug eine Verbindung schaffen zwischen uns und der Welt, zwischen Innen und Außen. Wir atmen zwar mit dem Körper, aber die Wirkung auf den Geist ist spürbar. Wer hektisch atmet, wirkt angespannt und nervös. Wer ruhig atmet, macht den Eindruck zufrieden und gelassen zu sein. Was uns geschieht, wirkt sich unmittelbar auf den Atem aus: Wenn wir erschrecken, stockt unser Atem, »die Luft bleibt uns weg«. Wenn wir erleichtert sind, atmen wir auf. Der Atem, so verschieden er sich zeigt, ist ein Spiegelbild unserer jeweiligen Befindlichkeit. Der Atem ist sozusagen die Zentrale, die uns in jeder Situation und in jeder Handlung steuert. Aber auch umgekehrt erleben wir, dass unsere Atmung ständig beeinflusst wird von dem, was wir konkret erfahren.

Es spricht für die Lebensnähe des Zen, dass bewusstes Atmen bei der Übung im Mittelpunkt steht. Die Konzentration auf das Ein- und Ausatmen gehört zum Herzstück der Zenübung. In der Sitzmeditation wird empfohlen, die Atemzüge zu zählen. Nicht weil es um deren Anzahl geht – das Zählen soll helfen sich zu konzentrieren und mit dem Bewusstsein beim Atem zu bleiben. Man spricht davon, »im Atem zu sitzen« und meint damit, dass man ganz und gar bei sich selber ist.

Beim Atmen trifft der Leib auf den Geist und umgekehrt. Beides wirkt aufeinander ein. Beides zusammen ist als Einheit erfahrbar. Die bewusste Wahrnehmung des Atems hilft, diese Einheit spürbar aufrecht zu erhalten. Sie wirkt einer Verzettelung entgegen, der wir als moderne Menschen so oft ausgeliefert sind. Die Zenlehre empfiehlt denn auch, sich das Ein- und Ausatmen nicht nur beim Sitzen, sondern in allen unseren Lebensvollzügen so oft wie möglich bewusst zu machen. Das heißt: Wir können uns beim Stehen – wo immer wir stehen – bewusst an unseren Atem erinnern. Ebenso können wir uns beim Gehen, beim Liegen, beim Sehen und Riechen und Schmecken auf den Atem konzentrieren. Unsere Sinne werden wacher und unser Erleben wird intensiver, wenn wir bei allem Tun den bewussten Atem unterstützend mit einbeziehen.

Niemals ist damit gemeint, den Atem zu manipulieren. Der Atem ist das Natürlichste an uns. Er kommt und geht, indem er sich nach unserer momentanen Situation richtet. Wenn er schneller wird, gibt es einen Grund dafür, wenn er sich verlangsamt, ebenfalls. Der Atem, wie er kommt und geht, macht uns in jedem Augenblick zu einem lebendigen Wesen, das sich in einer aktuellen Situation befindet. An unserem Atem können wir ablesen, wie frei oder wie beengt wir uns gerade fühlen, wie gut oder wie schlecht es uns geht. Der Atem ist ein Lehrmeister, der uns ständig darauf hinweist, wie es um uns steht. Zugleich hilft er uns, die verschiedenen Ereignisse unseres Alltags, in die wir nicht immer freiwillig geraten, zu bewältigen. Bewusstes Atmen macht uns zentriert, wach und aufnahmefähig. Wer sich innerlich den eigenen Atemzügen zuwendet, gerät auch in schwierigen Momenten nicht gleich aus dem Häuschen. Eine gewisse Harmonie mit sich selbst und der Umwelt wird im bewussten Atmen sozusagen vorprogrammiert.

Insgesamt ist jede Aktivität, die wir mit bewusstem Atmen verbinden, eine konzentriertere und intensivere – letztlich auch eine gesündere.

Das Eine ganz

Meistens atmen, stehen und gehen wir, ohne daran zu denken. Wir können stehen, ohne einen Gedanken daran zu verlieren: Wir stehen am Herd oder am Bahnhof und warten, wir rühren dabei die Hände und bewegen den Kopf. Wir führen komplizierte Handlungen aus und können uns gleichzeitig auf den Beinen halten und umhergehen. Es funktioniert einfach. Sofern wir gesund sind und unser Körper funktionstüchtig ist, bewahren wir dabei mühelos das Gleichgewicht. Wir müssen dieses Gleichgewicht nicht einmal bewusst herstellen. Wir stehen aufrecht auf unseren Füßen, wir setzen sie in Bewegung, und sie tragen uns problemlos, wohin wir wollen.

»Ich gehe gerne auf Landstraßen, mit Reispflanzen und wildem Gras zu beiden Seiten. Ich setze jeden Fuß voller Achtsamkeit auf die Erde, im Wissen, dass ich auf einer wunderbaren Erde gehe. In solchen Augenblicken ist Dasein eine wunderbare und geheimnisvolle Wirklichkeit. Normalerweise betrachten es Menschen als Wunder, wenn jemand auf dem Wasser oder in der dünnen Luft gehen kann. Das wirkliche Wunder besteht für mich aber nicht darin, auf dem Wasser oder in der dünnen Luft zu gehen, sondern auf der Erde.«

Thích Nhât Hanh

Erst wenn wir alt und gebrechlich geworden sind und zum Gehen einen Stock brauchen, merken wir, dass das Gehen nicht so ohne weiteres möglich ist. Vielleicht hadern wir dann mit dem Schicksal und beklagen uns darüber, dass uns die Füße nicht mehr tragen und dass das Gehen so mühsam geworden ist. Vorher kommt es uns kaum in den Sinn, dass Stehen und Gehen keine Selbstverständlichkeiten sind. Wir haben in der Regel keinen Grund, solche Überlegungen anzustellen. Wer medizinisch nicht ausgebildet ist, hat ohnehin kaum eine Vorstellung von dem komplizierten Mechanismus, der da im wahrsten Sinne des Wortes in Gang gesetzt wird. Trotzdem machen wir ständig davon Gebrauch: Wir stehen und gehen von morgens bis abends. Manchmal wird ein Mensch von einer Sekunde auf die andere jäh aus dieser gewohnten Selbstverständlichkeit herausgerissen, durch einen Unfall oder eine Krankheit. Er ist vielleicht noch jung und muss sich damit auseinander setzen und abfinden: Ab jetzt ist alles anders. Ich bin auf Hilfe angewiesen. Ich brauche einen Rollstuhl. Nie mehr kann ich selber stehen und gehen, nie mehr im Leben aus eigener Kraft einen Fuß vor den andern setzen.

Im Zen wird über solche Vorgänge weder spekuliert noch moralisiert. Es ist, wie es ist. Und es ist gut, wie es ist. Keine Gleichgültigkeit steckt hinter dieser Haltung, sondern Bewusstheit:

- Wenn ich gehe, dann gehe ich.
- Wenn ich stehe, dann stehe ich.
- Wenn ich sitze, dann sitze ich.

Wir können dieses Bewusstsein auf alle unsere Sinnestätigkeiten übertragen. Und wir können sie mit Wertschätzung verknüpfen. Zenlehrende haben für diese innere Haltung den Begriff der »Achtsamkeit« geprägt. Es geht aber nicht darum, diesen Ausdruck mit dem Intellekt zu erforschen, um benennen zu können, was genau damit gemeint ist. Entscheidend ist vielmehr die Umsetzung in den Lebensalltag. Dort können wir Achtsamkeit erfahren und ein entsprechendes Verhalten einüben – bei Gelegenheit gemeinsam mit den Kindern:

- Wenn wir sehen, dann sehen wir.
- Wenn wir hören, dann hören wir.
- Wenn wir tasten, dann tasten wir.
- Wenn wir riechen, dann riechen wir.
- Wenn wir schmecken, dann schmecken wir.

Eine Anzahl von Übungen soll helfen, diese Bewusstheit konkret zu machen. Zusammen mit den Kindern können wir Zeit einräumen für eine einzige Aktivität, die normalerweise »automatisch« abläuft. Wir können die Kinder zum Beispiel dazu anleiten, nur zu schauen, ohne gleichzeitig mit den Händen und Füßen etwas anderes zu tun. Nur sehen! Das bedeutet nun aber nicht, spitzfindig nach den ausgefallensten Dingen Ausschau zu halten. Nicht das Besondere zählt, sondern das Naheliegende. Wir machen auch keinen Wettbewerb, bei dem es darauf ankäme, welches Kind in einer bestimmten Zeit am meisten Beobachtungen machen kann. Wir werden die Kinder nicht dazu anhalten, möglichst viele Dinge zu sehen, im Kopf zu behalten und aufzuzählen. Solche Leistungen sind im Zen nicht gefragt. Konkurrenz ist kein Thema. Es werden weder Ranglisten erstellt noch Preise verteilt. Jedes Kind steht in solchen Übungen am gleichen Ort wie die anderen.

Die Kinder sollen schlicht und einfach wahrnehmen, was da ist. Es kann ihre gewohnte Umgebung sein. Es kann Schönes und Hässliches sein, was ihnen vor die Augen tritt. Sie sollen nichts Außergewöhnliches suchen. Sie schauen ohne

angestachelte Neugier. Sie sehen Nahes und Fernes, Helles und Dunkles. Sie sehen die Dinge in verschiedenen Farben und Formen. Was immer sie sehen – alles ist da und gehört zu unserer Welt. Das Schauen ist sozusagen zwecklos. Wichtig ist nur das Sehen an sich, und dass das Bewusstsein dabei einzig auf diese Tätigkeit gerichtet wird. Das ist die Leistung, die gefragt ist. Es kommt also nicht darauf an, *was* man sieht, sondern *dass* man sieht.

Die Kinder sollen in solchen Übungen ganz bei sich selbst sein können. Sie erfahren ihre Augen, wie sie sich öffnen und schließen, wie lebendig sie sind und dass sie sehen können – nichts als sehen. Ähnliches gilt für Ohren, Mund und Hände. Es mag Kinder und auch Erwachsene geben, die noch nie wirklich daran gedacht haben, welch differenziertes Instrumentarium sie mit ihren fünf Sinnen dauernd zur Verfügung haben. In solchen Übungen können sie darüber beinahe erstaunt sein. Diesbezügliche Erfahrungen werden umso stärker, je intensiver man sich auf die Übung einlässt und je weniger man darauf bedacht ist, im Vergleich mit andern zu schauen, zu hören, zu riechen oder zu schmecken.

Es versteht sich von selbst, dass wir die Kinder nicht mit disziplinarischem Druck zu solchen Übungen zwingen können. Wir haben dafür als Erziehende in erster Linie das Mittel der Einladung in der Hand. Diese Einladung ist verbindlich und beschützend zugleich. Verbindlich in dem Sinne, dass wir die Kinder mit spürbarem Engagement zu diesen Übungen anleiten. Sie sollen merken, dass es uns nicht egal ist, was wir mit ihnen vorhaben. Beschützend meint, dass wir sie vor Ablenkungen abschirmen, nicht zuletzt auch vor der Gefahr, dass sie die Übung zu wenig ernst nehmen oder gar ins Lächerliche ziehen. Man kann solche Übungen nicht halbherzig machen. Es geht um das Eine ganz. Vielleicht scharen wir die Kinder um uns und setzen uns mit ihnen auf den Boden. Wir können sagen, dass wir zusammen mit ihnen etwas Wunderbares tun möchten, nur hätten wir alle meistens vergessen, dass es dabei um etwas Wunderbares geht. Im Anschluss an das »Sehen«, »Schmecken« oder »Tasten«, bei dem nichts anderes geschieht als dieses, haben die Kinder vielleicht das Bedürfnis zu sagen, was sie nun alles mitbekommen haben. Es ist gut, ihnen dabei zuzuhören, so weit sie sich darüber äußern wollen. Noch wichtiger wird es sein, dass wir zum Ausdruck bringen, sie hätten ihre Sache gut gemacht: Nur sehen, nur spüren, dass wir Augen haben! Nur schmecken oder nur riechen! Nur da sein und dieses Wunder genießen – genau darum ging es ja. Dafür, dass es den Kindern gelungen ist, bei einer solchen Übung ganz dabei zu sein – dafür verdienen sie unsere Anerkennung.

Wer zusammen mit Kindern solche Versuche macht, ist auch selbst aktiv dabei. Es ist eine Genugtuung, Kinder vor sich zu haben, die voll und ganz in eine solche Übung einsteigen. Bei sich sein heißt deshalb für uns Erwachsene, diese Stimmung in sich aufzunehmen und den Kindern zurückzumelden. Es wäre schade, wenn wir uns erst im Nachhinein auf die Schultern klopfen und ausschließlich zu uns selbst sagen würden, die Kinder hätten gut mitgemacht und die »Lektion« sei gelungen. Wir sind ständig in Kommunikation mit den Kindern und sollten ihnen sagen, worum es geht. Auch sollen sie nicht den Anschein bekommen, dass wir Erwachsenen alles schon könnten, sondern erfahren, dass wir gemeinsam mit ihnen am Üben sind.

Das gilt auch für die grundlegendste aller Zenübungen – für das Sitzen in der Stille. Es ist klar, dass wir uns nicht vornehmen, die Kinder auf dem Zenweg zur Erleuchtung zu führen. Aber bitte – wer von uns Erwachsenen kommt selber so weit? Wir streben keine solchen Ziele an, und wir werden auch die Kinder beim Sitzen auf keinen Fall strapazieren. Das Sitzen in der Meditationshaltung kann aber eine lustvolle Entdeckung sein, die wir gemeinsam mit den Kindern machen können. Der bekannte Zenmeister Thích Nhât Hanh bietet in Plumvillage, einem Zen-Zentrum in Südfrankreich, ein Kinderprogramm an, bei dem Kinder auf natürliche Weise voneinander lernen. Sie üben das Sitzen (Zazen) und das Gehen (Kinhin) in Verbindung mit dem Atem. Diese Übung kennen zu lernen kann auch für unsere Kinder interessant sein. Es spricht nichts dagegen, sie damit bekannt zu machen und ihnen zu zeigen, wie dieses spezielle Sitzen vor sich geht. Sie betrachten das Sitzkissen, sie nehmen es in die Arme und legen es auf die Matte. Sie gestalten einen Meditationsplatz. Sie können die verschiedenen Sitzstellungen ausprobieren und die typische Handhaltung kennen lernen. Sie erfahren, dass ein Meditationsraum »Zendo« genannt wird, und wir erzählen ihnen, dass viele Menschen auf der ganzen Welt regelmäßig meditieren und das Sitzen in der Stille jahrelang üben.

Auf diese Weise können die Kinder im Sinne von kultureller Horizonterweiterung etwas lernen. Inwiefern wir die Kinder selbst zum Sitzen motivieren, hängt von ihrem Interesse ab. Eines ist sicher: Jeder Zwang wäre fatal; er widerspräche ja auch dem Sinn der Übung, wonach sich jeder und jede aus eigenem Antrieb dazu entschließt. Aber die natürliche Neigung der Kinder zum Erproben und Erkunden darf auch hier zum Zug kommen. Warum sollen sie das Sitzen nicht versuchen? Nicht perfektes Können, sondern spielerische Leichtigkeit ist gefragt! Sogar die großen Zenmeister früherer Generationen haben ihre Unzulänglichkeiten gekannt und sind dabei offenbar heiter und humorvoll geblieben:

> *»Hosen zu kurz,*
> *Hemd zu lang,*
> *mir selbst zulächelnd*
> *versuche ich geradeaus zu gehen.«*
>
> Meister Ryokan, 1758–1831

Vorbemerkungen

Es geht in den folgenden Übungen darum, »das Eine zu tun«: *Nur* zu stehen, *nur* zu gehen, *nur* zu liegen usw. Alle, die diese Übungen mitmachen, Erwachsene und Kinder, richten dabei ihre gesamte Energie auf diese Tätigkeit. Sie beschäftigen sich also mit nichts anderem als mit dem, was sie ausführen: Sie stehen, sie gehen, sie liegen und sind mit dem Bewusstsein ganz dabei. Diese Tätigkeiten verbinden sie mit dem natürlichen Atem. Es soll spürbar werden: Indem wir bewusst ein- und ausatmen, während wir »nur stehen«, »nur gehen« usw., sind wir mehr als sonst in uns selbst verankert.

Für diese Übungen sind keine speziellen Vorbereitungen nötig. Je nachdem, wo man eine Übung macht, ermöglicht sie eine andere Erfahrung. Auf dem Asphalt zu stehen ist etwas völlig anderes, als wenn man auf Parkett- oder auf einem weichen Teppichboden steht. Für alle hier vorgeschlagenen Übungen gilt: Der Alltag ist der Ort der Übung. Man suche also keine ausgefallenen Plätze, an die man normalerweise kaum hinkommt! So kann das Schulzimmer ein Übungsort sein. Der Wald kann ein Übungsort sein. Die Küche kann ein Übungsort sein.

Die Beispiele auf den folgenden Seiten sind in Form von lyrischen Texten beschrieben. Diese Texte können als persönliche Betrachtung oder als Anregung für die mündliche Anleitung zu den Übungen genutzt werden. Aber solche

Worte, und mögen sie noch so schön sein, sind immer nur Hilfsmittel. Das Wichtigste ist die Übung selbst. Es versteht sich von selbst, dass man die Animation zu solchen Übungen den Beteiligten und der konkreten Situation anpassen muss.

Beim Anleiten sind zwischen den einzelnen Impulsen Sprechpausen einzulegen, damit die Übenden Zeit haben, die Impulse aufzunehmen und umzusetzen. Eine Übung kann sehr kurz sein oder länger dauern. Man vermeide es, eine Übungstätigkeit künstlich auszudehnen. Auch hier gilt: Wenn wir gehen, dann gehen wir. Gehen heißt gehen, nicht stehen bleiben! Es geht bei allen diesen Übungen um natürliche Tätigkeiten, nicht um stilisierte.

Vielleicht ist eine Übung abzubrechen und mehrmals von vorn zu beginnen, wie es auch die Zenlehre immer wieder betont. Denn so ist es: Ob wir bereits erwachsen oder noch Kinder sind – wir stehen immer am Anfang.

Wenn es gelingt, in solchen Übungen Momente der Wachsamkeit und Zentriertheit zu erfahren, haben wir damit das Ziel erreicht.

1 Nur stehen

ich stehe jetzt
ich stehe mit den füßen auf dem boden
beide füße stehen

die ferse steht
die sohle steht
die große zehe alle zehen stehen
auf dem boden steht der ganze fuß

die augen schließe ich
ich bin ganz auf dem boden

die füße stehen fest
der boden trägt

jetzt atme ich
ich atme ein und aus
die füße auf dem boden
und der boden an den füßen

ich atme durch die füße ein und durch die füße aus

ich stehe und ich atme
auf dem boden stehe ich
ich stehe jetzt
ich stehe ganz
ich atme ein und aus

da stehe ich

2 Nur gehen

ich gehe jetzt
der eine fuß
der andere fuß
ich setze auf
ich setze ab
ich setze auf und ab

ich gehe
ich gehe
der eine fuß
der andere fuß
ich gehe
ich gehe
der boden trägt
der boden trägt
den einen fuß
den andern fuß

ich atme und ich gehe
ich atme mit dem schritt

ich atme ein
ich atme aus

der eine fuß
der andere fuß
der eine schritt
der andere schritt
ich gehe
ich gehe

3 Nur liegen

ich liege jetzt
da liege ich und atme

ich liege –
atme ein und aus
und liege da
und schließe meine augen

ich liege hier
ich liege ganz
ich liege auf dem boden
alles liegt
der kopf
die schultern
beide arme
alle fingerspitzen liegen

der rücken liegt
die beine liegen
beide fersen liegen auf dem boden

so liege ich
ich liege jetzt
ich atme ein und aus

jetzt lege ich die hände auf den bauch
und atme ein und aus
und ein und aus

da liege ich

4 Nur denken

ich denke jetzt
ich atme ein und atme aus
ich denke dies
ich denke das

ich lege meine hände an die stirn
und an den kopf
von vorne und von hinten

ich denke nach
ich denke nach

es denkt in mir

ich denke und ich denke

ich atme ein und atme aus
ich schweige
denke immer noch
und atme immerzu

jetzt denke ich
woran

ich denke nach
und denke

5 Nur sehen

ich sehe jetzt
ich sitze da

und sehe rund herum

da vorne sehe ich
da drüben sehe ich
da hinten
in der nähe
in der ferne
sehe ich

ich atme
und ich blinzle mit den augen
ich schließe sie
ich öffne sie
und schaue hin und her
ich sehe großes kleines
dunkles helles
da ist etwas
dort etwas

ich streichle meine augen mit den händen
links ein auge rechts ein auge
ja
ich sehe
atme ein und atme aus
ich schaue jetzt

ich sehe

Das Eine tun

6 Nur hören

ich höre jetzt
ich höre

ich sitze da
und höre

von draußen höre ich
von drinnen
aus der nähe
aus der ferne
laut
und
leise

ich halte meine hände an die ohren
und ich atme
und ich höre

links ein ohr
und rechts ein ohr
ich höre mit den ohren

höre immerzu

ich atme ein
ich atme aus
ich höre jetzt

was höre ich

7 Nur tasten

ich taste jetzt
ich greife

ich sitze hier
und greife rund um mich

mit beiden händen spüre ich
mit meinen fingern greife ich
ich atme

atme ein und aus
und taste

hart oder weich
rau oder fein
warm oder kalt

ich merke
was mir jetzt gerade
in die hände kommt
woran die finger sind

sie gehen auf und ab
sie fassen an
sie streicheln sanft

ich packe zu mit meiner ganzen hand
und lasse los

ich atme ein und aus
und greife neu
ich taste spüre
jetzt

8 Nur schmecken

ich habe einen bissen brot im mund
und kaue ihn

ich kaue jetzt und kaue
da bin ich
und kaue links und rechts

ich spüre mit der zunge
mit den zähnen
diesen bissen brot

ich schmecke ihn

der bissen brot
geht hin und her
in meinem ganzen mund

wie weich er ist
wie fein
und gut
und ganz bei mir

jetzt schlucke ich
den bissen brot
hinunter in den bauch

er sinkt hinab
ich schmecke tief in mir
noch immer
diesen bissen brot

9 Nur riechen

ich rieche jetzt

ich atme ein und rieche
was ich riechen kann

ich rieche immerzu
ich streichle mir die nase
führe meine finger an die nasenspitze
streiche über beide nasenflügel

rieche neu

und ziehe luft durch meine nase ein
ich rieche rund herum

da riecht es gut
was riecht so gut

da riecht es schlecht
was riecht so schlecht

ich rieche allen duft um mich
ich rieche jetzt

ich sitze da
und rieche
lasse luft in meine nase ein
und wieder aus
jetzt ein
jetzt aus

ich rieche noch einmal

10 Nur sitzen

ich sitze jetzt

worauf
wo sitze ich
was ist es
was mich trägt

der stuhl
die bank
der boden
oder was

ich sitze aufrecht
atme ein und aus
ich atme
und ich sitze
wie auf einem thron
die erde unten
und der himmel oben

da sitze ich
den kopf gerade aus
die augen blicken weit
die arme links und rechts
ich atme

aufrecht sitze ich
ich atme ein und aus
ich atme
und ich sitze

also sitze ich

Zazen – wie geht das?

Was ist »Zazen«? Was ist »Zen«? Wir könnten den Kindern viel dazu erklären. Nochmehr könnten wir uns als Erwachsene umfassend darüber informieren – so lange, bis wir glauben, klug zu sein und Zen verstanden zu haben. Aber darum geht es gerade nicht. Denn mit der intellektuellen Einsicht kommt man nicht weit. Der Weg zum Ziel ist nur die praktische Übung.

»Zazen« – das Sitzen in der Stille – ist die Königsübung des Zen. Vielleicht können wir mit den Kindern einen Versuch wagen? Die folgende Anleitung möchte dazu anregen:

● Wir suchen uns im Raum einen Platz. Wir setzen uns auf den Boden. Wir richten uns ein.

- Wer regelmäßig Zazen übt, setzt sich in der Regel auf ein spezielles Meditationskissen. Es heißt »Zafu«. Wir können aber auch eine gewöhnliche Wolldecke zusammen falten, bis sie etwa so hoch ist wie ein Zafu.

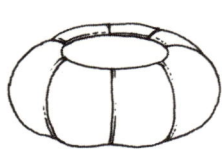

- Bevor Meditierende mit dem Sitzen beginnen, verneigen sie sich. Dabei legen sie die Handinnenflächen aneinander und halten sie ungefähr auf Brusthöhe. Diese Verneigung wird japanisch »gasshô« genannt. Wir können ebenfalls versuchen in Aufmerksamkeit gasshô zu machen.

● Jetzt setzen wir uns. Wir richten uns ein auf dem Zafu oder auf der zusammen gefalteten Decke. Wir achten darauf, dass die Knie und die Unterschenkel auf dem Boden liegen. So gelingt es uns am besten, wirklich aufrecht und gerade zu sitzen.

● Vielleicht müssen wir uns ein wenig hin und her bewegen, bis wir eine gute Haltung gefunden haben und entspannt sitzen können.

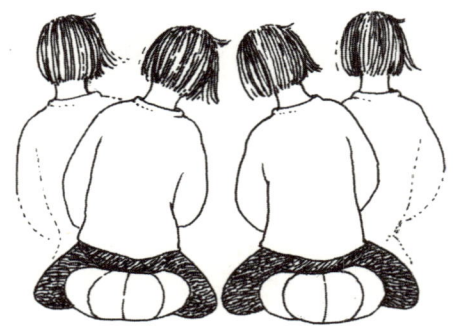

- Immer mit der Ruhe! Oft gelingt es nicht sofort. Wir können ein bisschen ausprobieren, wie das Sitzen am besten geht. Lassen wir uns Zeit! Wir sind ja am Üben ...

- Wohin mit den Händen? – Auch die Hände sind wichtig: Wir legen die linke Hand auf die rechte. Beide Daumen berühren sich – aber nur ganz leicht! Man müsste noch ein Blatt Papier dazwischen schieben können. Jetzt liegen beide Hände wie Schalen ineinander. Sie bilden ein Oval. Es wird »mudra« genannt.

- Und die Augen? – Die Augen sind offen! Wir schlafen ja nicht. Im Gegenteil: Ganz wach sind wir! Wir blicken schräg vor uns auf den Boden. Obwohl wir die Augen offen halten, beobachten wir nichts. Wir sehen uns nicht um, wir schauen nichts an.

● Jetzt sitzen wir: Aufrecht und aufmerksam! Aber niemals steif und verspannt.

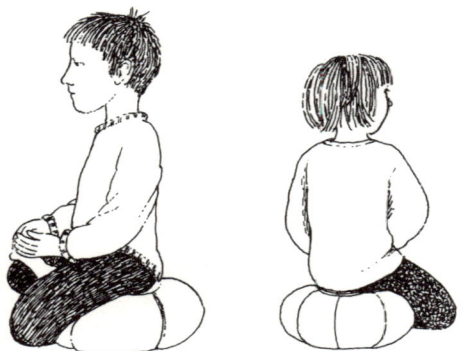

● Und nun? – Einfach sitzen! Dabei atmen wir ein und aus – es geht von selbst. Wie lange? – Erwachsene, die regelmäßig Zazen üben, sitzen fünfundzwanzig Minuten. Kinder sitzen, so lange sie mögen. Zwei Minuten sind schon viel! Und dann? Aufstehen und von vorn beginnen, so oft wir wollen.

Zweiter Teil

Innehalten

Vor weißen Astern
hält eine Weile inne
die Blumenschere

Haiku von Buson

Die kleine Weile zwischendurch

Wir können das Tempo der heutigen Arbeits- und Lebenswelt nicht bremsen. Aber es liegt in unserer Möglichkeit, dem unruhigen Alltag hie und da ein Schnippchen zu schlagen und ihn bewusst zu unterbrechen. Nicht für Stunden! Es leuchtet ein, dass es einer Mutter und Hausfrau, einem Manager oder einer Lehrerin nicht ansteht, sich aus der täglichen Verpflichtung zu stehlen und Termine, Stundenpläne und Abmachungen über den Haufen zu werfen. Die Idee ist eine andere: Es geht um kleine Haltestellen mitten am Tag, die zum Stillstehen gedacht sind. Sie können eine Minute, vielleicht nur einige Augenblicke oder auch länger dauern. Wichtig ist, dass sie wirklich dem Innehalten dienen, ohne dass wir sie gleich wieder für eine Zwischenbeschäftigung »nutzen«. Nichts anderes gilt, als Halt zu machen und eine Sequenz lang auszusteigen aus dem verpflichtenden Gang der Dinge. Denn wir sollen uns nicht ohnmächtig mitreißen lassen, bis wir selbst nicht mehr merken, wie unbedacht sich unsere Handlungen aneinander reihen, ohne dass wir Zeit haben zu merken, womit wir es überhaupt zu tun haben. Man erlaubt sich also mittendrin einen »Zwischenraum«. Dieser Raum ist leer und voll zugleich. Leer insofern, als er nicht gleich wieder gefüllt wird mit neuen Aktivitäten. Voll, weil nun das Gegenwärtige ganz und gar in den Vordergrund rückt: Man nimmt wahr, was im Moment gerade da ist, man hört, schmeckt und sieht. Man ist voller Zuwendung zur allernächsten Umgebung. Körperliche Empfindungen und Gefühle gehören mit dazu – keine tief hervorgeholten und schon gar keine inszenierten, sondern genau jene, die sich im Augenblick wie von selbst einstellen. Die Beschäftigung und manchmal auch das Treiben, in das man eben verwickelt war und sich meistens wieder hineinbegeben muss, wird für diese kurze Zeit verlassen. Trotzdem steht man mitten drin. Es ist, als begäbe man sich auf eine Insel, die mitten in der Realität steht. Statt sich ununterbrochen vorantreiben zu lassen von den Bewegungen und Abläufen, wird zwischendurch diese Pause eingelegt, um spürbar zu machen, was hier und jetzt wesentlich ist.

Ein solches Innehalten soll Halt geben. Worin besteht dieser Halt? Wir finden darin weder ewige Wahrheiten noch Autoritäten, die uns sagen, was gilt. Nichts Bestimmtes wird uns zufallen, nichts Umwerfendes fällt vom Himmel. Oder doch? Innehalten ist paradox: Die kleine Weile zwischendurch zeigt uns zwar nichts anderes, als was da ist, aber sie zeigt es uns, als sähen wir es jetzt erst richtig, als registrierten wir es zum ersten Mal. Solches Innehalten kann uns zuweilen verunsichern, weil wir nun besser sehen, was los ist. Aber es stellt uns gleichzeitig neu auf die Füße. Es lässt uns registrieren, dass wir vielleicht belastet sind. Aber es schafft zugleich einen frischen Anlauf für den Neubeginn. Wir schenken uns selbst und unserer unmittelbaren Umwelt die verdiente Beachtung. Wir ordnen neu, wir regenerieren und tanken auf. Dies ist der Halt, der uns beim Anhalten gewährt wird. Die kleine Weile müssen wir uns nehmen, und gleichzeitig wird uns durch sie etwas geschenkt.

Es versteht sich von selbst, dass solches Innehalten nicht den Zweck haben kann, sich aus der Verantwortung zu ziehen, indem man beispielsweise die Arbeit, die man gerade tun müsste, den anderen überlässt. Aber die Fremdbestimmung und manchmal auch das selbst auferlegte Tempo soll in dieser Zwischenphase zum Stillstand kommen zugunsten einer bewussteren Wahrnehmung von dem, was unmerklich wirksam ist. Letztlich geht es hier um eine wertschätzende Kenntnisnahme des Gegenwärtigen.

Die Idee des Innehaltens umfasst also zweierlei:

Erstens:

Achtsamkeit für sich selbst – im Hier und Jetzt

Es geht um die Wahrnehmung »Ich bin Ich«. Ich bin wie ich bin, jetzt, in diesem Augenblick. Ich bin da mit Leib und Seele, mit meiner Geschichte, mit meinen Überzeugungen und Empfindungen. Ich bin ein Teil des Universums. Und es ist gut, dass ich bin.

Zweitens:

Achtsamkeit für Menschen, Dinge und Umstände – im Hier und Jetzt

Es geht um die Wahrnehmung der Menschen, der Dinge und Gegebenheiten, die jetzt da sind, in diesem Augenblick. Sie sind so, wie sie sind – unbeschönigt, schnörkellos. Sie verdienen meine Beachtung, meine Wertschätzung. Sie sind ein Teil des Universums. Und es ist gut, dass sie sind.

Dazu ist zu sagen: Erstens und Zweitens sind unzertrennlich und verknüpfen sich gegenseitig. Mehr noch: Erstens erhellt Zweitens und Zweitens klärt Erstens. Das eine wäre bestimmt ungesund ohne das andere. In der Praxis fällt ohnehin beides zusammen.

Es liegt schon im Begriff, dass Innehalten mit Innerlichkeit zu tun hat. Der Halt, um den es hier geht, ist offenbar aus dem Inneren zu gewinnen. Selbstverständlich ist damit kein räumlicher Ort gemeint, als gäbe es in unserem Körper gleichsam wie in vier Wänden einen verborgenen Ort, in dem wir Halt machen und Zuflucht finden könnten. Wenn wir uns aus äußeren Aktivitäten für einen Augenblick oder eine kleine Weile zurückziehen, kommen wir nicht automatisch im Innern an. Wir müssen uns dafür aktivieren, indem wir zumindest den Willen haben, dorthin zu gelangen. Dieser »innere Ort«, um den es hier geht, ist in unserem Körper wie in unserem Geist, in jeder Fingerspitze so gut wie im Herzen. Es handelt sich dennoch um einen »ortlosen« Standort. Er »verortet« unser Wesentlichstes. Dort sind wir sozusagen ganz bei uns angekommen – ganz und gar bei uns selbst zuhause. Von diesem inneren Ort aus haben wir gleichsam freie Sicht auf das Gegebene und auf uns selbst: Wir können dieses Gegebene und uns selbst betrachten, bedenken, ernst nehmen und achten. Im Sinne des Zen müssen wir es weder analysieren noch beurteilen. Wir respektieren es jedoch, und wir lassen es sein, wie es ist.

Innehalten ist also alles andere als passives Stehenbleiben, als müßiges Nichtstun. Es ist eigentlich höchste Aktivität, die jedoch allem äußeren Aktivismus entgegen steht. Innehalten bringt uns in Er-innerung, was wir sind, woher wir kommen und wohin wir gehen. Auch wenn wir von diesen Sinnfragen beim Innehalten mitten im pulsierenden Alltag nur punktuell berührt werden, sind wir doch dabei, sie wichtig zu nehmen und uns ihnen zu stellen. Denn im Konkreten und Naheliegenden, ja im Banalen, verdichten sich die großen Fragen. Beim Innehalten öffnen wir die Augen dafür und erkennen, wer wir sind, wer um uns ist und was sich in der unmittelbaren Umgebung tut.

»Lernen wir in unserer lauten Welt wieder zu hören, ganz tief,
ganz fein, ganz rein, den klaren, einmaligen Klang eines Wesens.«

Adelheid Meutes-Wilsing und Judith Bossert

Um auf diese Weise von außen nach innen zu gelangen, ist eine Anstrengung nötig, zumindest eine bewusste Entscheidung dazu – und vor allem Übung. Es ist wichtig, dies zu bedenken und besonders zu beachten, wenn wir zusammen mit Kindern innehalten möchten. Sie können es nicht allein, wenn dabei nicht nur Träumen und Trödeln, sondern die Entwicklung von mehr Aufmerksamkeit und Achtsamkeit eine Rolle spielen sollen. Hier brauchen sie unsere Anregung und unsere Ermutigung. Wir dürfen auch nicht davon ausgehen, dass sie auf Anhieb zum Innehalten fähig sind. Im Gegenteil: Wie beim Sport oder beim Erlernen eines Musikinstrumentes führt nur die Übung zur Meisterschaft. Auch Zenlehrerinnen und Zenlehrer betonen immer wieder den Neubeginn: Zengeist ist Anfängergeist. Man ist nie am Ende angelangt. Verinnerlichung und Sinngebung sind ein Leben lang nicht abgeschlossen. Immer wieder müssen solche Vorgänge aktiviert werden. Oder anders gesagt: Wir müssen nicht nur ein für alle Mal, sondern immer wieder innehalten.

Es fragt sich nun, wo und wann dies möglich ist und wie wir es als Erwachsene zusammen mit den Kindern fertig bringen. Grundsätzlich bieten fast alle täglichen Verrichtungen Gelegenheit dazu. Familie, Freizeit, Kindergarten und Schule bergen eine Fülle von Ereignissen und Handlungsabläufen, die Innehalten geradezu heraus fordern. Dazu ist es notwendig, eine Handlung bzw. einen Ablauf klar und bewusst zu unterbrechen, als würde man einen Schnitt machen. Die Zeit des Innehaltens – auch wenn sie noch so kurz ist – soll klar getrennt werden von der Tätigkeit, die man gerade ausübt. Ebenso notwendig ist es, sich nach der Zeit des Innehaltens bewusst wieder voll und ganz in die

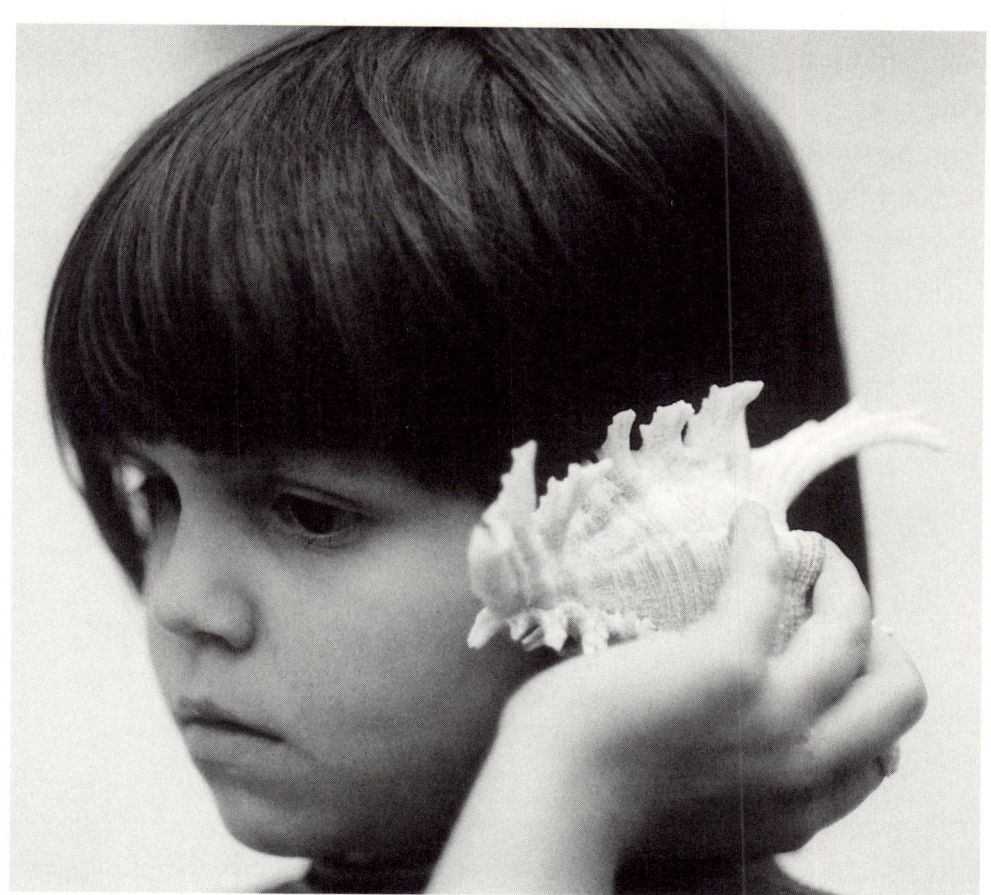

aktuelle Situation hineinzubegeben. Allerdings – und dies wäre wünschenswert – bekommt diese Situation nach einem solchen Zwischenhalt oft eine neue Qualität.

Im Folgenden werden zwölf Beispiele beschrieben, die zeigen, wie das Gesagte mit Kindern vollzogen werden kann. Es handelt sich um Vorschläge aus der Praxis für die Praxis, die Interessierte dazu anregen möchten, weitere Gelegenheiten zum Innehalten mit Kindern zu finden und zu gestalten.

Wolken gönnen den
Mondbeschauern ab und zu
eine kurze Rast

Haiku von Bashô

Sammeln – Wahrnehmen – Verweilen

Es entspricht der Grundidee der Zen-Praxis, dass man den Ereignissen des ganz gewöhnlichen Alltags ungeteilte Aufmerksamkeit entgegenbringt. Das heißt: Dinge, mit denen wir täglich konfrontiert sind, und Handlungen, die kaum je ein Thema sind, werden ernst genommen und beachtet.

Im Zen gibt es keine Banalitäten: Das Aufschrauben der Zahnpastatube und das Schließen eines Fensters gehören zu unserem Leben. Der Schwatz mit der Nachbarin, das Zuschnüren des Kehrichtsacks und das Warten vor dem Bankschalter gehören dazu. Das Spiel mit den Kindern, Essen und Schlafen sind ein Teil unseres Daseins, ebenso der Umgang mit dem Staubsauger und mit der Nagelschere. Unser Leben besteht aus Begegnungen mit unterschiedlichen Menschen, aus vielerlei Dingen und Tätigkeiten. Alles, was unsere Existenz ausmacht, verdient Respekt.

Innehalten schafft Raum dafür. Es geht um das Einüben von Achtsamkeit sich selbst und der eigenen Umgebung gegenüber.

»Wenn man abwäscht, sollte man nur abwaschen, d.h. man sollte sich dabei völlig bewusst sein, dass man abwäscht. Auf den ersten Blick mag das ein wenig albern erscheinen. Warum sollte man solches Gewicht auf eine so einfache Sache legen? Aber das ist genau der Punkt. Die Tatsache, dass ich hier stehe und diese Schalen abwasche, ist eine wunderbare Wirklichkeit. Ich bin völlig ich selbst, folge meinem Atem und bin mir meiner Gegenwart, meiner Gedanken und Handlungen bewusst. Ich kann so unmöglich unbewusst umhergeschleudert werden wie eine Flasche, die von den Wellen hin und her geworfen wird.«

Thích Nhât Hanh

Es geht einzig um die Gegenwart: Beim Mittagessen, beim Ballspiel, beim Füttern von Haustieren, bei den Hausaufgaben der Kinder und anderem mehr. Das Sein im Hier und Jetzt ist entscheidend. Nichts anderes zählt als die rege Präsenz mitten in diesen Lebensvollzügen: Wenn ich stehe, dann stehe ich. Wenn ich gehe, dann gehe ich. Wenn ich rede, dann rede ich. Wenn ich eine Nuss knacke, knacke ich eine Nuss.

»Zen ist keine irgendwie besondere oder verfeinerte Lebenskunst. Unsere Lehre heißt: einfach leben, immer in der Realität, in deren genauem Sinn.«

Shunryu

Wenn wir den Schul- und Familienalltag hie und da bewusst unterbrechen, um gemeinsam mit den Kindern innezuhalten, schaffen wir einen Raum, um diese Bewusstheit einzuüben. Solches Innehalten hat kein anderes Ziel und keine andere Absicht. Niemals wäre damit gemeint, bei diesen Gelegenheiten die Kinder moralisierend zu diesem oder jenem Verhalten zu ermahnen. Hier ist auch nicht der Ort, um Erklärungen abzugeben. Es geht überhaupt nicht darum,

Worte zu machen, sondern darum, aktiv präsent zu sein: Wir sind da zur Sammlung, zum Wahrnehmen und zum Verweilen.

In diesem Sinn ist die folgende Gliederung als Vorschlag gedacht, um dem Akt des Innehaltens eine gewisse Struktur zu geben.

Innehalten durch

Sammeln
Wahrnehmen
Verweilen

Diese drei Elemente sind nicht trennscharf voneinander abzugrenzen. Trotzdem akzentuieren sie je eine besondere Aktivität. Jede bedingt die nächste, und keine ist überflüssig. Wer nicht gesammelt ist, kann nicht wirklich wahrnehmen und kaum bei etwas verweilen. Doch Kinder müssen dabei unterstützt werden, dass sie sich tatsächlich sammeln, dass sie wirklich wahrnehmen und echt verweilen. Eine halbe Sammlung, flüchtiges Wahrnehmen und zerstreutes Verweilen bringen gar nichts. Man hätte nur Zeit verloren. Eher ist es ratsam, mit den Kindern nur die Sammlung und eine kurze Wahrnehmung zu üben, statt noch ein langes Verweilen zu erzwingen, wenn die Voraussetzungen dafür gar nicht gegeben sind.

Manchmal werden Kinder und Jugendliche von Erwachsenen zu Handlungen und Vollzügen aufgefordert, zu denen sie überhaupt nicht bereit sind. Die Bedingungen dazu fehlen völlig. Wie sollen Kinder oder Jugendliche beispielsweise im Unterricht einer Erzählung aufmerksam zuhören, wenn einige noch am Schreiben sind? Oder wie können sie innerlich still werden, wenn sie zwar nicht schwatzen, aber einander kleine Zettel mit »Botschaften« unter der Schulbank durchschieben? Manche Lehrerinnen und Lehrer wissen nicht, wie sie auf solche Verhaltensweisen wirksam reagieren sollen. Manche ignorieren diese Störungen und schauen weg. Sie halten ihre Stunde wie geplant und sind der Auffassung, wenigstens die »Gutwilligen« unter den Schülerinnen und Schülern müssten doch davon profitieren können. Dass diese in Wirklichkeit dauernd gestört werden und die anderen sowieso auf der Strecke bleiben, nimmt man hin. Man lebt damit, keine befriedigenden Lösungen für solche Probleme zu haben. Andere versuchen, durch Erklärungen und Appelle ans Ziel zu kommen. Meistens haben sie damit wenig Erfolg.

Besser wäre es, den Weg der gemeinsamen Erfahrung zu gehen, und zwar in kleinen Schritten. Diese Schritte sind dem Verhalten in der Gemeinschaft laufend anzupassen. Das heißt: Indem die Kinder oder Jugendlichen unter fachkundiger Anleitung zum Hören, Meditieren oder Innehalten geführt werden, erleben sie ständig, worum es geht. An die Erziehenden bzw. Unterrichtenden werden bei diesem Vorgehen hohe Anforderungen gestellt. Sie müssen laufend die Bedingungen für die Möglichkeit schaffen, dass die Kinder Schritt um Schritt den Lernweg gehen. Diese Schritte sind manchmal winzig klein. Aber sie sind nicht größer zu nehmen. Schon gar nicht ratsam wäre es, Schritte zu überspringen. Es wäre so, als würde man beim Bau eines Hauses mit dem dritten Stock beginnen, bevor das Fundament gelegt ist. Ganz unten anfangen, heißt die Devise, am Anfang beginnen und immer wieder von vorn anfangen, wenn die Bereitschaft der Kinder nachlässt. Die Zeit ist vorbei, in der zum Beispiel Lehrpersonen »Musterstunden« abhalten können, die wie am Schnürchen nach Programm verlaufen. Denn wir haben heute gestresste Kinder vor uns, die in einer unruhigen Zeit aufwachsen und sich daran gewöhnt haben, dass vieles auf einmal geschieht. Ihnen ist vertraut, dass rund um sie viel läuft, und dass man überall ein bisschen dabei ist. In der Regel haben sie gelernt, sich in der »Gleichzeitigkeit von Ungleichem« durchzuschlagen, sich zu vergnügen oder auch einigermaßen damit zurechtzukommen. Was sie hingegen nicht gelernt haben, ist, sich innerlich voll und ganz auf eine Sache einzulassen und dabeizubleiben. Niemand hat sie meditationsfähig gemacht, bevor sie sich in die Schulbank setzen. Eine Lehrperson kann also die Fähigkeiten sich zu sammeln, wahrzunehmen und zu verweilen im Unterricht nicht voraussetzen. Erwachsene müssen solche Dispositionen bei den Kindern erst wecken und versuchen, sie bei deren Entwicklung zu unterstützen. Genau hier ist anzusetzen: Die Entfaltung der Fähigkeit zum Innehalten und zur Achtsamkeit wird zu einem grundlegenden Programmpunkt einer zeitgemäßen Pädagogik an verschiedenen Lernorten – in der Schule und im Kindergarten so gut wie in der Familie.

Was bedeutet es nun konkret, die drei Sequenzen des Innehaltens mit Kindern umzusetzen? Im Folgenden werden sie beschrieben. Man muss dafür keine aufwändigen Vorbereitungsarbeiten leisten. Es genügt, sich der Übung bewusst und hundertprozentig dazu entschlossen zu sein. Und dann muss man natürlich wissen, was zu tun ist.

SAMMELN

Am Anfang des Innehaltens steht die Sammlung. Ziel dieser Sammlung ist Konzentration im wahrsten Sinne des Wortes. Es geht um eine Zentrierung, die fast immer nur durch Stille entsteht. Mit dem Abbrechen einer Plauderei mit den Tischnachbarn im Schulzimmer oder einer Tätigkeit zu Hause ist es aber noch nicht getan. Die Kinder müssen ganz zur Ruhe kommen. Auch das »innere Geschwätz« soll aufhören und der »Lärm« in den Kinderköpfen ein Ende finden.

Doch das Elementare zuerst: Im Unterricht muss die Lehrperson ein eindeutiges Signal setzen, um eine klare Unterbrechung der laufenden Tätigkeiten im

Klassenverband zu erreichen. Sie stellt Aufmerksamkeit her und sagt, worum es geht – um eine Unterbrechung nämlich. Im gewohnten Gang der Dinge wird eine momentane Zäsur gesetzt. Die Gruppenarbeit, das Lesen eines Textes, ein Spiel oder eine Störung wird deutlich abgebrochen. Kein allmähliches Ausklingen, sondern ein bestimmter Punkt wird gesetzt. Jede Lehrperson weiß, wie sie sich in der Klasse klar und eindeutig bemerkbar machen kann. Ich möchte damit nicht disziplinarischem Drill das Wort reden. Aber die Entschiedenheit für diese Unterbrechung muss für alle Anwesenden spürbar sein.

Je nach Situation, die unterbrochen wird, folgen Anleitungen, die Sammlung und Konzentration fördern. Dem Zustand der Klassengemeinschaft und der Befindlichkeit der Kinder entsprechend ist Folgendes möglich:

- eine kurze Begründung für die Unterbrechung
- evtl. die Aufforderung, sich an einem Ort zu versammeln (z.B. um einen Tisch)
- eine Information zum Vorhaben
- ein Aufruf zu besonderer Aufmerksamkeit
- evtl. die Einladung, sich bequem bzw. aufrecht zu setzen
- evtl. Anleitungen zum Durchatmen und zur Entspannung, zur äußeren und inneren Stille
- Anweisungen zur Konzentration auf das Gegenwärtige
- das Ausschalten von Ablenkung
- der konkrete Auftrag: zu sehen, zu hören, zu riechen, zu kosten, zu berühren usw.

Sammlung, wie sie hier gemeint ist, kann nicht befohlen werden. Das Verhalten der Kinder, wie es sich von Augenblick zu Augenblick zeigt, ist maßgebend für die Art der Anleitungen, die zu geben sind. Sich sammeln ist eine Übung. Sie wird nicht von Anfang an gelingen, und die Kinder werden unterschiedliche Fortschritte machen. Ungeteilte Aufmerksamkeit ist das Ziel, waches Interesse an dem, was kommt. Es liegt am pädagogischen Können der Lehrperson, immer wieder neue Versuche zu initiieren und Gelungenes in geeigneter Form anzuerkennen.

WAHRNEHMEN

Die gebündelte Aufmerksamkeit, die durch Sammlung entstanden ist, soll sich nun auf etwas richten. Worauf? Auf das, was da ist! Im Sinne des Zen gilt es, sich ganz dem zuzuwenden, was im Moment gegenwärtig ist und sich konkret ereignet. Nichts Naheliegendes ist unwichtig; allem gebührt ungeteilte Beachtung.

Mit allen Sinnen nehmen nun Erwachsene und Kinder gemeinsam ihre Umgebung wahr: Die andern Kinder im Klassenraum oder Schulhof, vielleicht das Heft auf dem Pult oder die verstreuten Spielsachen im Zimmer. Möglicherweise ist es jedoch der wedelnde Hund vor dem Haus, der Aufmerksamkeit verdient, ein Apfel in der Früchteschale, der Ball auf der Wiese oder der Besen im Schrank. Es kann ganz Gewöhnliches und Unauffälliges sein, das gesehen, gehört, gekostet oder berührt werden möchte. Achtsamkeit ist das Motto solcher Wahrnehmung: Der Hund wird vielleicht liebevoll über das warme Fell gestreichelt, die herumliegenden Spielsachen werden sinnvoll versorgt, der Apfel wird gegessen und dabei jeder Bissen genossen. Was immer getan wird – es wird mit hundertprozentiger Zuwendung getan, sozusagen aus ganzem Herzen.

Wie schon die Sammlung soll auch das Wahrnehmen eine intensive Erfahrung werden. Nicht weitschweifende Begründungen sind gefragt – es sind hier keine Lehrgespräche zu führen über Hunderassen und Apfelsorten. Schon gar nicht sind diese Gelegenheiten für moralische Appelle zu missbrauchen, die bei den meisten Kindern sowieso nicht viel nützen. Allein die aktive Präsenz in der Gegenwart ist gefragt, bei der äußeres Handeln und innere Einstellung zusammenfallen, ohne dass darüber viel Aufhebens gemacht wird. Je nach Situation legen Erwachsene und Kinder gemeinsam Hand an oder stehen still; sie betrachten, hören hin oder kosten und fühlen. Der Hund bekommt ungeteilte Zuwendung und der Apfel schmeckt, als würde man zum ersten Mal einen Apfel essen.

Um voll und ganz wahrzunehmen, wird nichts überstürzt, keine Hektik und kein Ausweichen soll die achtsame Wahrnehmung beeinträchtigen. Erwachsene müssen tun, was sie können, damit ihnen selbst und den Kindern ein ungeteiltes Engagement in dieser Zeitspanne möglich wird.

VERWEILEN

Verweilen heißt, sich dort aufhalten, wo man ist. Bleiben ist angesagt, nicht gleich weitergehen. Beim Verweilen ist es, als hätte man für eine »Weile« einen Platz gefunden, wo man sich niederlässt, um zu rasten und sich auszuruhen. Mit dem Verweilen ist etwas Besinnliches gemeint. Nichts Neues bricht ein, keine Überraschung wird erwartet. Allein das Gegenwärtige wird ausgelebt und oftmals genossen, solange es geht.

Damit ist gesagt, dass in dieser Sequenz das Vorgegebene andauern soll. Erwachsene nutzen die Gunst der Stunde, mit den Kindern die eben vollzogene Wahrnehmung einen Moment lang oder auch länger fortzusetzen. Je nach Situation kann die Sequenz des Verweilens von unterschiedlicher Dauer sein.

Man hüte sich auf jeden Fall davor, sie »gewaltsam« in die Länge zu ziehen. Zerstreutes und zerfahrenes Verhalten der Kinder wäre der Preis dafür. Es ist besser, mit ihnen eine kurze und konzentrierte Phase des Verweilens zu erleben statt sie zu nötigen, äußerlich bei etwas zu bleiben, wovon sie sich innerlich schon entfernt haben. Es ist ohnehin so, dass das Bedürfnis zum Verweilen je nach Situation bei Erwachsenen und Kindern sehr unterschiedlich ist. Hier empfiehlt es sich, die Ausdauer der Kinder zum Maßstab zu machen.

Nach dem Verweilen ist die Übung des Innehaltens zu Ende. Ein solcher Schluss muss genauso deutlich, ja markant zum Ausdruck gebracht werden wie der Anfang. Denn es wäre nicht gut, sozusagen unmerklich in die Alltagssituation hinüberzugleiten. Erwachsene und Kinder müssen sich wieder aktiv eingliedern ins pulsierende Leben des normalen Alltags. Es ist, als hätte man eine Oase betreten, die nun mit einem klaren Schritt wieder zu verlassen ist. Im Unterricht wird man ein deutliches Zeichen zum Abbruch der Übung geben und zur Wiederaufnahme der begonnenen Arbeit auffordern. Damit ist gleichsam der Alltag wieder eingekehrt. Allerdings – gewissermaßen als Frucht des Innehaltens – können die nachfolgenden Verrichtungen konzentrierter, engagierter und vielleicht effizienter werden. Wie dem auch sei: Achtsamkeit, die sich über den unmittelbaren Augenblick hinaus auf den Alltag überträgt, wäre das höchste Ziel, das durch Innehalten erreicht werden könnte.

»Achtsamkeit erlöst uns von Vergesslichkeit und Zerstreuung und ermöglicht uns, jede Minute des Lebens ganz zu leben.«

Thich Nhât Hanh

Vorbemerkungen

Auf den nächsten Seiten werden alltägliche Szenen beschrieben. Sie zeigen, wie wir mit Kindern mitten im Tagesablauf einen Halt machen können. Die Beispiele stammen aus Kindergarten und Schule, aus dem Familienleben und der Freizeit. Nichts Spektakuläres geschieht. Aber solche Erfahrungen können helfen, sich selbst und der Umwelt neu zu begegnen.

Die Szenen sind einfach und realitätsnah. Dennoch steckt etwas Visionäres darin, obwohl die Wirklichkeit, in der sie sich abspielen, nie verlassen wird. Als Leserin oder als Leser können Sie sich von diesen Beispielen anregen lassen, wenn Sie sich bei der Lektüre ähnliche Situationen in Ihrem Umfeld vor Augen führen.

Alle Beispiele sind nach dem gleichen Prinzip aufgebaut. Die drei Sequenzen »Sammeln – Wahrnehmen – Verweilen« machen eine Gliederung deutlich. In der Praxis gehen die einzelnen Phasen fließend ineinander über. Auch können die einzelnen Sequenzen unterschiedlich lang sein.

1 Innehalten beim Ballspiel

ein ball ein ball
und wer ihn aufwirft
hat nur diesen ball
so lange
bis er fällt

SITUATION:

Die Kinder spielen im Freien. Sie stehen mit der Lehrerin im Kreis; sie lachen und rufen und werfen einander den Ball zu. Wer ihn fängt, wirft ihn sogleich weiter. Wer ihn fallen lässt, muss ihn holen. Es geht laut und wild zu und her.

INNEHALTEN:

Sammeln

Die Lehrerin spielt mit. Jetzt ist sie an der Reihe, den Ball zu fangen. Statt ihn dem nächsten Kind zuzuwerfen, hält sie ihn in der Hand zurück. Sie unterbricht das Spiel und sagt, dass sie es genieße, jetzt mit diesem Ball zu spielen und nichts anderes tun zu müssen. Sie schlägt den Kindern vor, in der folgenden Spielphase immer nur dem bunten Ball nachzuschauen. Damit dies besser gelingt, macht sie den Vorschlag, das Spiel zwei Minuten lang schweigend fortzusetzen.

Wahrnehmen

Die Kinder werfen sich wieder den Ball zu. Sie reden nicht, um einander nicht abzulenken. Es gilt, ganz beim Ball zu sein, als gäbe es nur diesen Ball auf dieser Welt. Man sieht seine Farben durch die Luft wirbeln. Reto ist zerstreut und wendet sich um. Die Lehrerin reagiert sofort: Sie fängt den Ball ab und hält ihn Reto hin. Sie lädt ihn und alle Kinder nochmals ein, dem farbigen Ball zu folgen, ihm die ganze Aufmerksamkeit zu schenken. Die Kinder sehen, wie rund er ist und in welch hohem Bogen er von Kind zu Kind fliegt. Immer wieder wird er von zwei Armen aufgefangen. Man sieht den blauen Himmel rund um den Ball, die Mauer weiter hinten. Die Kinder sehen zu, wie der Ball aufspringt auf dem Boden, wie er ein paar Mal hüpft und über die grüne Wiese rollt. Die Lehrerin fordert die Kinder auf, dem Ball nachzuschauen, bis er liegen bleibt. Und sie sehen, wie er liegt – ins Gras gebettet.

Verweilen

Die Kinder setzen sich im Kreis um den Ball im Gras. Sie beschreiben den Weg, den er gegangen ist, und erzählen davon. Sie beginnen das Spiel von vorn und üben nochmals, ganz beim Spiel und ganz beim Ball zu sein.

2 Innehalten am Mittagstisch

hörst du die gabel
die kartoffel stechen
weißt du
was du schluckst
in diesem augenblick

SITUATION:

Mittagstisch zusammen mit den Nachbarskindern: Eine Mutter, drei Mädchen und zwei Jungen sind beim Essen. Sie plaudern munter drauflos und necken einander. Manchmal fällt ein Brocken vom Tisch. Niemand beachtet ihn.

INNEHALTEN:

Sammeln

Die Mutter unterbricht die Tischrunde und schlägt ein »Spiel« vor: Wisst ihr was, sagt sie, wir essen eine Minute lang so, dass wir alles genau sehen und hören, riechen und spüren: Was auf dem Teller ist, was wir auf die Gabel stecken, was wir in den Mund nehmen, was wir kauen und hinunterschlucken. Damit dies besser gelingt, reden wir während dieser Minute nicht miteinander.

Wahrnehmen

Monika spießt ein Stück Kartoffel auf und betrachtet es von allen Seiten, bevor sie es in den Mund steckt. Peter schaut ihr selbstvergessen beim Kauen zu. Die Mutter zeigt ihm, was er im eigenen Teller hat und fragt ihn, was er als Nächstes auf die Gabel nehmen möchte. Nun wird es still, man hört das Besteck in den Tellern. Die Kinder riechen den Duft der Soße, sie betrachten die verschiedenen Farben der Beilagen. Sie sehen dem Salatblatt zu, bis es im Mund verschwindet. Die einzelnen Bissen kauen sie länger als sonst. Sie spüren das kühle Getränk auf der Zunge. Sie merken, was noch sehr heiß ist und was schon lauwarm geworden ist. Und sie sehen, wie aus den Schüsseln in der Mitte des Tisches Dampf aufsteigt.

Verweilen

Die Mutter isst. Die Kinder essen. Wenn sie ein Stück Tomate anstechen, stechen sie ein Stück Tomate an. Wenn sie das Glas zum Mund führen, führen sie das Glas zum Mund. Wenn sie schlucken, dann schlucken sie. – Dann erzählen sie von ihren Entdeckungen an diesem Mittagstisch.

3 Innehalten beim Malen

zeichnung
auf dem tisch
das blatt
und die geschichte
mitten in den farben

SITUATION:

Die Kinder sind in der Schule beim Malen. Vorher hat der Lehrer eine spannende Geschichte erzählt. Während die einen schon bald fertig sind, haben andere kaum angefangen. Einige schwatzen miteinander.

INNEHALTEN:

Sammeln

Der Lehrer gibt den Kindern die Anweisung, für einen Moment die Farbkreiden abzulegen, die unfertige Zeichnung auf dem Tisch liegen zu lassen und mit dem Stuhl etwas vom Tisch wegzurücken. Er achtet darauf, dass alle Schülerinnen und Schüler dieser Anweisung folgen. Er gibt den Auftrag, den Blick auf die eigene Zeichnung zu richten und nichts zu tun, als zu hören und zu schauen.

Wahrnehmen

Der Lehrer unterstützt die Schülerinnen und Schüler dabei, ihr bisher entstandenes Werk in Ruhe zu betrachten. Er redet im Klassenplenum, als würde er mit jedem Kind einzeln sprechen: Schau an, was du als Letztes gemalt hast! Welchen Strich hast du gerade gemacht? Welche Farbe hast du dafür genommen? Was hast du sonst noch gezeichnet? Was ist das Wichtigste von dem, was du bis jetzt gemalt hast? Was ist dir gut gelungen? Wandere mit den Augen über dein Bild, von oben nach unten, von links nach rechts. Bleib jetzt stehen. Was siehst du? Erzähl dir selber innerlich die Geschichte nochmals von vorn und betrachte sie auf deiner Zeichnung!

Verweilen

Der Lehrer ermuntert die Schülerinnen und Schüler, ihre Zeichnung eine Weile weiter im Auge zu behalten und sich dabei an Einzelheiten der Geschichte zu erinnern. Die nun entstehenden inneren Bilder sollen nach dem Innehalten zum Weitermalen anregen.

4 Innehalten am Bildschirm

ein klick ein doppelklick
es blinkt – o.k.
signale geben laut
und ich
davor

SITUATION:

Michael sitzt vor dem Bildschirm. Er macht ein Computerspiel. Voller Hingabe ist er dabei. Das Spiel ist ihm vertraut; er hat es schon mehrmals gemacht. Immer öfter gewinnt er, immer schneller kommt er voran.

INNEHALTEN:

Sammeln

Der Vater nimmt einen Stuhl und setzt sich neben Michael. Er schaut eine Zeit lang mit ihm in den Monitor. Dann lässt er sich von Michael das Spiel erklären. Sie spielen das Spiel gemeinsam. Später schlägt der Vater vor, das Spiel einen Moment lang zu unterbrechen. Michael bestimmt, an welcher Stelle unterbrochen wird.

Wahrnehmen

Vater und Sohn lehnen sich zurück. Sie stellen ihre Füße auf den Boden, und der Vater legt Michael den Arm um die Schultern. Gemeinsam sehen sie, was da ist: der Computer, diese Powermaschine, das Pult, auf dem sie steht. Sie nehmen den Joystick zur Hand und gleiten mit den Fingern darüber, über die popfarbenen Griffe und Knöpfe – grün, gelb, blau. Sie blicken über die polierte, viereckige Tischfläche, sehen das Buch neben dem PC, das Blatt Papier auf der andern Seite und den eilig hingelegten Geldbeutel mit dem halb offenen Reißverschluss. Sie betrachten den Blumenstrauß von Michaels Patin in der gelben Vase und den Bleistift mit der stumpfen Spitze. Sie richten den Blick zum Fenster und schauen ins Grüne. Sie hören den dröhnenden Ton der Elektronik und das Klappern der Kochtöpfe aus der Küche, wo die Mutter das Abendessen zubereitet.

Verweilen

Michael und der Vater bleiben noch einen Moment lang »untätig« sitzen, bevor sie sich wieder dem Computerspiel zuwenden.

5 Innehalten beim Aufräumen

turnschuhe ein glas
zerlegter notenständer
brot von gestern
weg damit wohin
mit allen siebensachen

SITUATION:

Silvia muss das Zimmer aufräumen. Sie tut es ungern. Der Boden ist übersät mit Kleidern, Schulsachen und Spielsachen. Sie öffnet Schubladen und Schränke, nimmt drei Dinge auf einmal in die Hand und weiß nicht, wohin damit.

INNEHALTEN:

Sammeln

Die Mutter betritt das Zimmer. Sie lässt den unmutigen Äußerungen von Silvia einen Moment lang freien Lauf und setzt sich dann mit ihr auf den Boden. Sie ermuntert Silvia erst einmal innezuhalten und sich umzusehen.

Wahrnehmen

Silvia und die Mutter lassen ihre Blicke schweifen. Sie schauen sich in aller Ruhe an, was das Zimmer in diesem Augenblick bietet: das schmutzige T-Shirt auf dem Boden, das herunterhängende Poster an der Wand, die hingeworfenen Bücher in der Ecke, eine leere Kartonschachtel, herumliegende Musiknoten, das offene Mathematikheft, den Bleistiftspitzer, den überquellenden Papierkorb. Alle Gegenstände bekommen einen würdigenden Blick. Die Dinge sind, wie sie sind. Die Unordnung ist, wie sie ist. Sie wird jetzt weder kommentiert noch getadelt, aber vollumfänglich wahrgenommen. Kein Vorwurf fällt, keine Ausrede. Auch keine Vertröstungen werden ausgesprochen.

Verweilen

Die Mutter bleibt mit Silvia sitzen. Nachdem für beide eine Stück weit innere Ruhe eingekehrt ist, soll Silvia weiter aufräumen. Vielleicht möchte sie, dass die Mutter ihr hilft oder zeigt, wie sie am besten vorgeht. Eventuell gibt die Mutter dem Mädchen einen Gegenstand nach dem andern in die Hand, den es fortlaufend an einem passenden Ort versorgt, bis alle Dinge aufgeräumt sind.

6 Innehalten vor dem Portal

die hohe tür
in eine fremde welt
und jetzt –
bevor du eintrittst
sieh dich um

SITUATION:

Die Lehrerin will mit der Klasse die gotische Dorfkirche besuchen. Das stattliche Gebäude kennen wenige, einige haben es noch nie von innen gesehen. Fast alle sind neugierig und rennen so schnell sie können auf den Eingang zu.

INNEHALTEN:

Sammeln

Die Lehrerin setzt alles daran, dass die Kinder nicht wie eine wilde Horde in den Kirchenraum stürmen. Sie versammelt die Klasse vor dem Portal. Sie leitet die Kinder an, sich so aufzustellen, dass jedes genug Platz hat und gut stehen kann.

Wahrnehmen

Die Kinder sagen, was sie hier hören und sehen: Die hohe Fassade, die Treppenstufen davor, das Hupen eines Autos, den Schrei eines Vogels, eine Figur aus Stein oder Holz, das schwere Schloss mit dem geschwungenen Türgriff, den Schaukasten, die Schritte von Vorübergehenden, die Kletterrose und die graue Mauer, an der sie sich hochrankt. Der Reihe nach macht jedes Kind eine Aussage zu dem, was es sieht. Alles, was die Kinder wahrnehmen, hat seine Wichtigkeit. Urs will Markus ein Bein stellen. Die Lehrerin reagiert vorher: Sie lässt Urs noch einmal sagen, was er hier und jetzt sehen oder hören kann. Sie hält ihn an, ohne Theatralik zu sprechen, indem sie seine Rede sofort unterbricht und ihm eine neue Chance gibt. Sie macht ihn aufmerksam auf Kinder, die gut stehen, lauschen und schauen. Dann betrachten die Kinder noch einmal von vorn, was sie entdeckt haben. Kein Detail ist unwichtig. Die Lehrerin nimmt jede Beobachtung anerkennend entgegen.

Verweilen

Die Kinder stellen sich wieder bewusst hin. Jedes hat Platz vor dem großen Portal. Alle schließen einen Moment lang die Augen und »schauen« innerlich den Ort, an dem sie sich jetzt befinden. Sie holen ins Gedächtnis zurück, was sie hier alles wahrgenommen haben.

7 Innehalten an der Bushaltestelle

schritt in eile
randstein aktenmappe
da bin ich
ein auto nach dem andern
schon vorbei

SITUATION:

Die Mutter steht mit Karin an der Bushaltestelle mitten in der Stadt. Der Bus, den sie hätten nehmen wollen, ist ihnen soeben vor der Nase weggefahren. Jetzt müssen sie wohl oder übel warten, bis der nächste kommt.

INNEHALTEN:

Sammeln

Die Mutter lässt Karin an der Haltestelle einen Platz bestimmen, wo sie am liebsten mit ihr warten möchte, bis der nächste Bus kommt.

Wahrnehmen

Die Mutter macht mit Karin ein Spiel: Abwechselnd sagen sie einander, was sie sehen, hören oder sonstwie wahrnehmen, z.B.: Ich sehe einen Mann, der ganz schnell geht. Oder: Ich höre ein kleines Kind rufen. Oder: Ich sehe eine Frau mit einem lustigen Hut. Oder: Ich sehe meine Füße, wie sie auf dem Boden stehen. Oder: Ich sehe den Polizisten winken usw. – Sie variieren ihr Spiel, indem sie sagen, was man »fast nicht« sieht oder »fast nicht« hört: ein abgebranntes Zündhölzchen auf dem Asphalt, die trippelnden Stöckelschuhe der eleganten Dame, eine Möwe in der Luft, eine raschelnde Papiertüte und anderes mehr. – Sie variieren ihr Spiel auch, indem sie nur auf ganz Naheliegendes oder auf weit Entferntes achten. Oder sie sagen einander: Ich merke etwas, was du nicht merkst (meine Ferse im Schuh, den Ring an meinem Finger, den warmen Stoff in meiner Hosentasche usw.).

Verweilen

Beide können das Spiel noch einige Augenblicke fortsetzen, indem sie immer noch aufmerksam hören und sehen, was läuft und geht, ohne dass sie es einander mitteilen.

8 Innehalten im Unterricht

zahlen lesen
denken reden
heft zur seite
jetzt ein text
und hört mal zu

SITUATION:

Die Schülerinnen und Schüler sind mitten im Unterricht. Sie arbeiten einzeln, vielleicht in Gruppen. Die einen engagieren sich mehr, die andern weniger. Auf den Pulten liegen Arbeitsblätter, Tintenpatronen, Klebebildchen und vieles mehr.

INNEHALTEN:

Sammeln

Die Lehrerin gibt ein klares Signal zur Unterbrechung. Sie bittet die Schülerinnen und Schüler, mit der laufenden Arbeit einstweilen aufzuhören und alles Material dort liegen zu lassen, wo es gerade liegt. Sie lädt zu einer Pause besonderer Art ein: Diese »Pause« findet nicht auf dem Schulhof statt, sondern im eigenen Innern. Um dort anzukommen und bei sich selbst sein zu können, leitet sie zu einer bequemen Sitzhaltung an: Füße bewusst auf den

Boden stellen, auf dem Stuhl nach hinten rutschen, den Kopf auf dem Pult in die Arme legen und regelmäßig ein- und ausatmen.

Wahrnehmen

Die Lehrerin hilft den Schülerinnen und Schülern, den gegenwärtigen Moment voll und ganz wahrzunehmen – mit allem, was dazugehört. Sie leitet deshalb nicht zu einer Fantasiereise, sondern zu einer Realitätsreise mit folgenden Fragen an: Woran bin ich gerade? Mit wem arbeite ich zusammen? Was ist schon fertig? Worüber bin ich erleichtert? Was liegt mir noch auf dem Magen? Wer könnte mir helfen oder wem könnte ich helfen? Was mache ich als Nächstes?

Verweilen

Die Schülerinnen und Schüler »ruhen« noch einige Augenblicke in derselben Haltung. Dann gibt die Lehrerin das Zeichen, sich aufzusetzen und die Augen zu öffnen. Bevor sie die Arbeit fortsetzen, betrachten sie einen Moment lang schweigend ihre Umgebung: die Mitschülerinnen und Mitschüler, ihr Pult mit den Materialien, mit denen sie sich anschließend wieder beschäftigen.

9 Innehalten vor dem Meerschweinchenkäfig

kleine ohren
füße kulleraugen
habt ihr stroh genug
zum schlafen
einen platz

SITUATION:

Hubers haben zwei Meerschweinchen. Die Kinder holen sie immer wieder aus dem Käfig, lassen sie springen und fangen sie wieder ein. Nicht immer gehen sie sehr zimperlich mit den kleinen Tieren um.

INNEHALTEN:

Sammeln

Nachdem sie den Meerschweinchen ein Stück Apfel in den Käfig gegeben haben, kauern sich Kinder und Eltern in angemessenem Abstand um den Käfig. Alle können gut hineinsehen und es wird nicht am Gitter geschubst und gewackelt.

Wahrnehmen

Es gilt, nur zuzuschauen und zuzuhören, ohne die Tiere zu stören. Zuerst bewegt sich nichts. Es dauert eine Weile, bis die Meerschweinchen aus ihrem Versteck hervortrippeln. Eines springt gleich frei herum. Man sieht sein glattes, braunes Fell mit dem weißen Fleck auf dem Kopf. Es schnuppert mit feinen Bewegungen der Nase in der Gegend herum. Seine Schnauzhaare bewegen sich. Jetzt hat es den Apfelschnitz entdeckt, springt hin und fängt zu knabbern an. Das andere Meerschweinchen zieht sich mit einem Ruck nochmals zurück, bevor es sich traut, frei herumzuhoppeln. Es bleibt einen Moment lang verschüchtert stehen, schaut mit den Augen und lauscht mit den Ohren. Jetzt macht es kleine und schnelle Schritte zum Apfel und fängt auch an zu fressen. Kleinste Bissen nehmen die Tiere, und wenn sie kauen, bewegen sich ihre Kiefer hin und her. Leise hört man, wie sie mit den Zähnen in das Fruchtfleisch beißen, und wenn sie sich bewegen, raschelt das Stroh unter ihren Füssen.

Verweilen

Eltern und Kinder bleiben vor dem Käfig sitzen. Sie überlassen die Tiere ihrer eigenen Welt und schauen zu, wie sie sich darin frei und »glücklich« fühlen. Sie ahnen, was ihre Haustiere empfinden. Nun besprechen die Eltern mit den Kindern, was die Tiere jetzt gerade brauchen, und geben es ihnen: frisches Wasser und Heu.

1 0 Innehalten im Klassen-gespräch

ein wort gehört
gesprochen
gleich vergessen
hast du
was gesagt

SITUATION:

Die Kinder sitzen mit der Lehrerin im Kreis. Sie führen ein Gespräch. Während Sabine redet, wippt Patrick mit dem Stuhl hin und her. Silvio schaut ihm zu und lacht. Jetzt ist Rolf am Reden. Einige hören nicht, was er sagt.

INNEHALTEN:

Sammeln

Die Lehrerin unterbricht das Gespräch. Sie fordert die Schülerinnen und Schüler auf, sich umgekehrt auf den Stuhl zu setzen, die Füße gut auf den Boden zu stellen, die Arme auf die Lehne zu stützen und den Kopf daraufzulegen. Sie leitet zum »Abschalten« an: Versucht zu sitzen, als wärt ihr allein im Raum. Atmet ein. Und atmet aus. Atmet wieder ein, dann wieder aus. Die Augen könnt ihr zufallen lassen.

Wahrnehmen

In diese Runde hinein erinnert die Lehrerin mit ruhiger Stimme an das Ge-
sprächsthema. Sie wiederholt einige wichtige Aussagen und Fragen daraus.
Dazwischen lässt sie Zeit zum Nachdenken. Sobald sie merkt, dass diese Zeit
um ist, macht sie eine weitere Aussage bzw. stellt eine weitere Frage in den
Raum. Einzelne Kinder werden unruhig. Sofort bittet sie alle sich aufzusetzen. Sie erklärt kurz, dass solches »Innehalten« geübt sein will. Gemeinsam
wird ein neuer Versuch gestartet: Alle legen wieder den Kopf auf die Arme.
Die Lehrerin gibt nochmals kurze Hinweise zur Entspannung und führt erst
dann wieder zu Aussagen und Fragen des Klassengesprächs zurück. Sie
passt ihre Anleitungen laufend dem Zustand der Klassengemeinschaft an:
Sie achtet stets darauf, dass die Kinder ständig unterstützt werden, um innerlich bei sich zu sein.

Verweilen

Die Übung kann kürzer oder länger dauern. Vielleicht dauert sie sehr kurz.
Die Lehrerin beendet sie durch ein klares Signal, solange die Kinder gesammelt sind. Es sollte nicht geschehen, dass sich die Übung durch disziplinarische Störungen »von selbst auflöst«.

1 1 Innehalten bei den Hausaufgaben

mach mal
pause
du rasender kopf
mit zahlenfeldern
und buchstabenseiten

SITUATION:

Angela malt Buchstaben ins Heft. Sie hat erst zwei Zeilen geschrieben, und es ist schon so spät! Die ganze Seite muss voll werden. Dann muss sie noch die Dreierreihe lernen. Dann muss sie noch Klavier üben. Und dann noch …

INNEHALTEN:

Sammeln

Die ältere Schwester nimmt einen Stuhl und setzt sich zu Angela an den Tisch. Sie schlägt vor, gemeinsam eine Pause zu machen – trotz Zeitdruck.

Wahrnehmen

Angela legt den Schreibstift weg. Die Schwester schaut, was Angela bis jetzt geschrieben hat. Sie sagt: Dieser Buchstabe ist besonders schön. Dieser hier ist noch schöner. Beide suchen, was an der bisherigen Arbeit gut und richtig ist. Nun lassen sie das Heft auf dem Tisch liegen und betrachten aufmerksam die unmittelbare Umgebung. Sie sagen einander, was es rund um das Heft alles gibt, indem sie sich mit ihren Aussagen abwechseln: Neben deinem Heft liegt ein Abziehbildchen. Auf der andern Seite des Heftes sehe ich eine Büroklammer. Hinter deinem Heft ist das Fenster. Vor dem Heft bist du. Unter dem Heft ist das Tischbein. Oberhalb deines Heftes hängt der Lampenschirm usw. Sie beobachten und benennen aufmerksam die Arbeitsumgebung, indem sie mindestens zehn Dinge aufzählen, die rund um das Schreibheft zur unmittelbar aktuellen Lebenswelt von Angela gehören.

Verweilen

Die beiden Mädchen schließen die Augen und sehen innerlich das Bild des Schreibheftes. Sie versuchen, sich mit geschlossenen Augen in Erinnerung zu rufen, was sie beobachtet und aufgezählt haben. – Dann fährt Angela mit den Hausaufgaben fort.

1 Innehalten am offenen
2 Fenster

ein vogelschrei
aus kühler luft
der kirschbaumast
und rauch steigt auf
motorenlärm

SITUATION:

Die Kinder kommen von der Turnstunde. Sie sind ziemlich aufgeregt und stürmen mit wildem Geschrei ins Klassenzimmer. Einige rennen ein paar Mal zwischen den Bankreihen umher, bevor sie sich an ihren Plätzen niederlassen.

INNEHALTEN:

Sammeln

Der Lehrer gibt das Vorhaben bekannt: Ich möchte zusammen mit euch ein Stück dieses Sommertages intensiv erleben, und zwar während zehn Minuten am offenen Fenster. Dies ist nur möglich, wenn man mit Augen und Ohren und mit wachem Empfinden dabei ist. Der Lehrer stellt gemeinsam mit den Schülerinnen und Schülern eine entsprechende Sitzordnung her. Alle müssen bequem sitzen können und Sichtkontakt zur Fensterfront haben. Die Fenster werden sperrangelweit geöffnet.

Wahrnehmen

Lehrer, Schülerinnen und Schüler nehmen schweigend wahr, was der Moment am offenen Fenster bietet: Man hört ein Auto hupen, man hört die Straßenbahn. Man sieht die weiße Wand des anderen Schulhaustraktes, die Mauer, an der sich die Kletterpflanze hochzieht. Ihre Blätter bewegen sich leise im Wind. Man hört den Schulhauswart mit dem großen Besen den Platz wischen. Das Wolkenbild am Himmel verändert sich. Von unten ist das Plätschern des Brunnens zu hören. Es wird von einem Flugzeug übertönt. Ein Insekt summt im Fensterrahmen, es fliegt auf und ab und dann wieder zum Fenster hinaus. Aus der Ferne hört man ein dumpfes Geräusch. Regenwolken ziehen auf. Der Wind bringt Kühle ins Zimmer. Frische Luft steigt in die Nase. Jemand ruft. Ein Hund bellt. Ein Fahrrad klingelt. Jetzt fallen Tropfen vom Himmel.

Verweilen

Die Schülerinnen und Schüler bleiben noch einen Moment lang sitzen, eventuell mit geschlossenen Augen. Dann schließen sie die Fenster und setzen sich zurück an ihre Plätze. Nun wird der Unterricht fortgesetzt.

Dritter Teil

Dabeibleiben

Langsam statt langweilig

Wir mögen es kurzweilig und abwechslungsreich – Kinder erst recht. Wenn ein Ereignis auf das andere folgt oder viel Verschiedenes gleichzeitig geschieht, haben wir das Gefühl, die Zeit vergehe wie im Flug. Anders ist es, wenn die Anreize rar werden, wenn wenig oder gar nichts »läuft«. Dann sagen wir: Die Zeit geht fast nicht vorwärts. Oder: Die Zeit steht still. Und viele verbinden diesen Zustand mit dem unangenehmen Gefühl der Langeweile. Diesem will man meistens möglichst schnell entgehen. Um dieser Unlust und Öde Abhilfe zu verschaffen, schaut man sich um. Dabei lautet die Frage: Wo soll ich hin, was soll ich tun? Man sucht wieder Beschäftigung oder ein Umfeld, in dem es aktiv zugeht, in dem etwas passiert. Man braucht etwas, um die Leere zu füllen, in die man meistens unfreiwillig hineingeraten ist. Es gibt Menschen, die von einem fürchterlichen Unmut ergriffen werden, der für sie selbst und ihre Umgebung beinahe unerträglich wird, wenn es ihnen langweilig ist. Sie leiden unter der »langen Zeit«. Erst wenn sie der »langen Weile« entronnen sind, ist die Welt wieder in Ordnung.

Um Langeweile zu vertreiben, gibt es in unserer Wohlstandsgesellschaft fast unendlich viele Gelegenheiten. Uns stehen Möglichkeiten offen, von denen frühere Generationen nur träumen konnten. Aber es scheinen immer größere Anstrengungen nötig zu sein, um uns bei Laune zu halten. Immer aufregendere Geschehnisse oder Aktivitäten müssen es sein, die den Kitzel bringen, den wir suchen. Nicht nur Extremsportarten sind Beispiele dafür. Auch Erlebnisse wie der Genuss von exotischen Speisen oder der Besuch eines Konzertes mit einer hochrangigen Solistin stellen keine seltenen Höhepunkte in unserem Leben mehr dar. Denn die Chancen, so etwas zu erleben, sind immer wieder gegeben. Wenn aber Seltenes häufig wird, wird das Besondere daran gewöhnlich. Die Exklusivität ist dahin, die Spannung flacht ab. Im schlechtesten Fall ist man es früher oder später leid, und wieder wird es langweilig, bis uns etwas Neues in Schwung bringt.

Dieses Phänomen ist auch bei Kindern verbreitet. Viel mehr als früher bekommen sie das, was ihnen Abwechslung bringt, und zwar sofort. Worauf ihre Großmütter noch sehnsüchtig bis Weihnachten gewartet haben, gibt man Kindern von heute oft schon am gleichen Tag in die Hand, an dem man es gekauft hat. Die meisten Kinderzimmer quellen denn auch über vor lauter Spielsachen. Und mittendrin sitzt ein gelangweiltes Kind, das nicht weiß, was es anfangen soll.

In der Schule ist es nicht viel anders. Noch nie gab es so viele didaktische Hilfsmittel für einen interessanten und abwechslungsreichen Unterricht. Laufend kommen neue Medien und Materialien auf den Markt, damit die Lehrerinnen und Lehrer gut ausgerüstet sind für einen Unterricht, in dem es den Kindern ja nicht langweilig werden soll. Trotzdem macht sich in vielen Klassen eine träge und apathische Stimmung breit. Was ist es denn noch Besonderes, wenn der Lehrer ein Video zeigt? Vielfach ist schon bei Jüngeren ein Überdruss zu spüren. Sie haben eben schon zu viel gesehen, zu viel gehört, zu viel bekommen. Was brauchen sie noch?

Wahrscheinlich nicht noch mehr desselben, sondern genau das Gegenteil. Statt Action und Betrieb müssten sie Raum und Zeit bekommen, um in Gegenwärtigem bleiben und voll darin aufgehen zu können. Es könnte ein Spiel sein, in das sie sich ganz und gar vertiefen, eine erfrischende Mandarine zum Essen, die im Moment »Ein und Alles« wäre, ein faszinierendes Feuer im Wald oder ein kühles Eis an einem schwülen Sommertag. Die Kinder bräuchten Erwachsene, die sich mit ihnen zusammen auf den Reichtum solcher Situationen einlassen und sich darum bemühen, störende Ablenkungen fern zu halten. Sie bräuchten Menschen, die mit ihnen hundertprozentig in dieser pulsierenden Gegenwart stehen. Eine mehr oder weniger lange »Weile« wäre dazu notwendig, die aber in keiner Weise langweilig wird. Denn jetzt soll mit allen Sinnen erfahrbar werden, was der Augenblick enthält, ohne dass er von andern Reizen überflutet wird.

Übungen, die weiter vorn in diesem Buch beschrieben sind, gehen bereits in diese Richtung: Man konzentriert sich beispielsweise »nur« darauf zu gehen, zu hören, zu sehen usw., ohne gleichzeitig noch anderes zu tun (vgl. Übungsbeispiele im ersten Teil). Oder Kinder erleben, wie es ist, einen Ball in die Luft zu werfen, wobei sie nichts weiter tun, als mit diesem Ball zu spielen. Sie stehen mittendrin in diesen Bewegungen, Farben und Empfindungen. Oder ein Vater sitzt mit seinem Sohn am Computer, diesem technischen Wunderding, das manchmal auch Ärger bringt und das in einer Umgebung steht, die auch noch zur Familie gehört. Dies alles nehmen die beiden wahr, weil sie voll und ganz im Augenblick stehen. Oder am Mittagstisch isst man Kartoffeln und riecht, schmeckt und genießt sie bewusst als Nahrungsmittel, das spürbar den Magen füllt. Im Zen würde man sagen: Wenn ich Kartoffeln esse, esse ich Kartoffeln. Nichts als das. (Vgl. Übungsbeispiele im zweiten Teil.)

Die Beispiele, die wir in diesem Kapitel anführen, sind nicht grundlegend anders. Aber sie gehen davon aus, dass es nicht immer nötig ist, von außen auf Kinder einzuwirken, damit sie bei etwas bleiben. Manchmal sind sie von sich aus gesammelt und intensiv mit einer Sache beschäftigt. Das Problem besteht oft darin, dass »etwas dazwischenkommt«: Die Kinder werden in ihrer Konzentration unterbrochen oder aus der Situation herausgerissen. Sie sind abgelenkt, können weder beim Bisherigen bleiben noch sich dem neuen Anreiz ganz zuwenden. Sie sind wie zwischen Stuhl und Bank, wirken nervös und zerfahren. So können Kinder nie wirklich lernen, sich ganz auf den Moment einzulassen.

Wir werden im Folgenden Situationen beschreiben, in denen Kinder vollständig in eine Tätigkeit vertieft sind. Vielleicht sind sie auch noch nicht ganz vertieft oder haben erst die Absicht, sich dieser oder jener Beschäftigung zuzuwenden. Jedenfalls geht es um ein kleines Stück Leben, das wir mit ihnen teilen können, indem wir sie in ihrer Konzentration unterstützen und begleiten.

Statt dass gleichzeitig der Fernseher läuft, während Kinder zum Beispiel eine Frucht essen, wird das Bewusstsein nur auf die eine Handlung des Schälens und Essens der Frucht gelenkt. Dafür muss man sich Zeit nehmen, denn es dauert vielleicht etwas länger, einen Apfel oder eine Birne mit ganzer Hingabe zu essen, statt dies »nebenher« zu tun. Aber ein wenig Langsamkeit kann die Konzentration fördern und eine intensive Erfahrung möglich machen. Zeit darf hier keine Rolle spielen. Sie darf sogar stillstehen. Intensive Erfahrungen – wir kennen es alle – vermitteln manchmal diesen Eindruck, die Zeit sei wie angehalten, auch wenn in Wirklichkeit nur wenige Minuten verstreichen.

Je stärker die Konzentration, umso kleiner ist die Gefahr von Langeweile im negativen Sinn. Wenn Kinder ein Eis essen, kann es oft nicht lange genug dauern – zu schnell ist es manchmal weg. Denn nichts als dieser Genuss steht dann im Mittelpunkt des Interesses. Nie schmeckt ein Eis so gut, wie wenn man sich ausschließlich darauf konzentriert. Wenn Kinder aber gleichzeitig eine CD hören und dazu noch ein Bilderbuch anschauen, können sie kaum mehr merken, was sie auf der Zunge haben.

Intensive Erfahrungen dieser Art sind nur möglich, weil sie einerseits »entrümpelt« sind von Ablenkungen und anderseits tatsächlich stressfrei sind. Die Zeit für den Augenblick steht voll und ganz dafür zur Verfügung.

Weil diese Momente manchmal Neues enthüllen, können sie überraschen. Eine Mandarine schmeckt plötzlich so fein, wie bisher noch nie eine Mandarine geschmeckt hat. Man sieht, hört oder merkt etwas, als sähe, hörte oder spürte man es zum ersten Mal. Man entdeckt im Alltäglichen das Einmalige und Spezielle, das Detaillierte und Vielschichtige. Dazu gehören natürlich auch viele Äußerlichkeiten, die nicht missachtet werden dürfen. In ihnen (wo denn sonst?) verdichtet sich die Aktualität – intensiv und stimmungsvoll, positiv oder negativ – das Leben in allen Schattierungen. Das Zen spricht allem Existierenden – auch dem Gewöhnlichen und Alltäglichen – jenen unverwechselbaren Wert zu, der Beachtung verdient.

Es gibt Momente
mit anderen Menschen
da tanzt die Seele

Haiku von Else Müller

Mit den Kindern statt für die Kinder

Wie können wir uns mit Kindern ganz dem Augenblick hingeben, wenn wir selber vom Alltag gestresst sind? Das geht uns doch völlig gegen den Strich! Wie wollen wir intensive Momente genießen, wenn wir selber kaum innere Ruhe haben? Wir müssten uns geradezu zwingen. Am Ende würden wir vielleicht sogar unecht und unglaubhaft wirken.

Wir könnten vielleicht damit beginnen, die Kinder bei Gelegenheit zu beobachten. Dann würden wir bemerken, dass sie manchmal aus eigenem Antrieb ganz in etwas Gegenwärtigem aufgehen. Wir würden eine Entdeckung machen: Da oder dort sind die Kinder ganz dabei – in Harmonie mit sich selbst und ihrem Umfeld. Es können Zustände von kurzer Dauer sein, aber es gibt sie. Es kann auch sein, dass die Kinder diesbezüglich sogar besser sind als wir. Sie sind dem Ursprünglichen noch näher und oftmals fähiger als Erwachsene, ganz im Moment zu leben. Wir hasten ja meistens mehr als die Kinder, denn unsere Zeit ist Geld. Auch haben wir bereits zu gut gelernt, vieles gleichzeitig zu tun.

Manchmal geht es eben nicht anders. Und hie und da kommen wir mit der Zeit, die wir haben oder nicht haben, ganz schön ins Schleudern.

Hier können wir manchmal von den Kindern lernen. Vielleicht erinnern Sie sich an ihr vier Monate altes Kind, das soeben gelernt hat, nach Dingen zu greifen. Wie konnte es doch mit einem Schlüsselbund spielen, der Situation ganz und gar hingegeben, als gäbe es nichts als diesen Schlüsselbund auf der Welt! Es hat sich mit Augen, Mund und Händen, mit allen Fasern seiner Existenz mit diesen Schlüsseln, der Aufhängevorrichtung, dem Etui beschäftigt – länger oder auch nur für einen kurzen Moment. Die zeitliche Dauer spielt keine Rolle, nur die Intensität – die wache Präsenz im Augenblick.

Wenn Kinder ganz und gar in eine Tätigkeit versunken sind, können wir versuchen, uns liebevoll daran zu beteiligen. Wir nähern uns und setzen uns zu ihnen hin. Wir schauen ihnen eine Weile zu im Bewusstsein, dass wir Teilnehmende sind an einer Szene, in der nicht wir, sondern die Kinder Regie führen. Wir kontrollieren nicht, wir kritisieren nicht. Wir machen auch keine Verbesserungsvorschläge. Aber wir stellen zum Beispiel eine interessierte Frage. Die Antworten sind uns wichtig, die uns die Kinder geben, denn sie sind es, die jetzt »die Welt erklären«. In dieser Situation sind sie unsere Lehrmeister. Sie sind diejenigen, die wissen, warum die Puppe friert oder in welcher Reihenfolge die Farbstifte in die Schachtel kommen. Die Kinder sind eins mit sich und dem, was sie beschäftigt. Wir sind mit ihnen, indem wir sie begleiten und unterstützen.

Wir müssen nicht in hohem Maß beschaulich und kontemplativ geworden sein, bevor wir mit den Kindern solche intensiven Momente erfahren können. Wir lernen es, indem wir zusammen mit ihnen im Augenblick präsent sind. Learning by doing! Außer unserem spontanen Interesse braucht es keine Voraussetzungen, um in solchen Augenblicken mit allen Sinnen ganz präsent zu sein. Am besten wählt man eine Gelegenheit, die man selber als günstig erachtet. Nicht immer sind wir dazu aufgelegt. Aber als Erziehende haben wir ein grundsätzliches Interesse an den Kindern, das uns motiviert.

Wir werden in solchen Situationen vielleicht feststellen, dass wir uns trotz Bemühungen selber immer wieder ablenken lassen. Davon darf man sich nicht beirren lassen. Selbst große Meisterinnen und Meister der Meditation berichten von Zerstreuungen und sagen, sie seien zeitlebens Anfängerinnen oder Anfänger. Es wird uns manchmal gehen wie ihnen: Auch im Zusammensein mit den Kindern gilt, es je neu zu versuchen und immer wieder von vorn zu beginnen.

Sich auf die Gegenwart zu konzentrieren ist denn auch nicht eine Begabung, die einige haben und andere nicht. Man kann diese Fähigkeit erwerben. Es ist wie beim Einmaleins. Man muss üben – immer wieder und über längere Zeit. Jeder und jede weiß, dass solche mathematischen Operationen nicht auf Anhieb sitzen. Wieso soll es anders sein, wenn wir das intensive Leben lernen? Ohne Training kommt niemand weit.

Tatsächlich wird manches einfacher, wenn wir mehr *mit* den Kindern statt *für* die Kinder tun. Lehrpersonen etwa, die vor Unterrichtsbeginn das Schulzimmer mit Kerzen und Blumen schmücken mit der guten Absicht, eine feierliche Atmosphäre zu schaffen, bevor die Kinder hereinkommen, werden sehr oft enttäuscht. Denn die Kinder stürmen in der Regel ausgelassen in den Raum und sind beim Anblick von Blumen und Kerzen nicht schlagartig besinnlich gestimmt. Besser wäre es, zu Beginn des Unterrichts gemeinsam mit ihnen Blumen und Kerzen aufzustellen. Sie würden nicht nur gerne mitmachen, sie hätten dadurch auch Gelegenheit, einen konstruktiven Beitrag zu leisten. Die gewünschte Atmosphäre stellt sich eher ein, weil die Kinder sie aktiv mitgestalten können.

Abgesehen davon macht es vielen Erwachsenen enorm Spaß, mit Kindern zusammenzusein und gemeinsam mit ihnen Erfahrungen zu machen. Denn Kinder sind auf ihre Weise aufmerksam und originell in der Art, wie sie die Welt entdecken. Sie nehmen manchmal Dinge wahr, die uns Erwachsenen oft gar nicht mehr auffallen. Uns steht ja nicht selten eine »Déjà-vu«-Haltung im Weg: Wir haben viel auf dieser Welt gesehen, gehört, geschmeckt und in der Hand gehabt – es gibt nichts Neues unter der Sonne! In Wirklichkeit ist jeder Augenblick neu – einmalig und einzigartig.

BEISPIELE

Vorbemerkungen

Die Beispiele, die hier aufgeführt werden, beschreiben Situationen aus dem Alltag mit Kindern, die sich manchmal spontan ergeben. Ein gemeinsames Merkmal fällt auf: Es gibt in diesen Szenen nie einen »Bühnenwechsel«, und trotzdem kommt keine Langeweile auf. Die Konzentration auf die Gegenwart ist hundertprozentig, obwohl die »Kulissen« sich nie ändern und die Kinder immer mit derselben Sache beschäftigt sind. Die viel gerühmte Abwechslung scheint in diesen Augenblicken gar nicht gefragt zu sein – und zwar deshalb, weil offenbar das Gegenwärtige interessant genug ist, um die Kinder ganz in seinen Bann zu ziehen.

Diese Beispiele sprechen für sich. Das erste macht sichtbar, wie Kinder von einer erwachsenen Person zu Konzentration und Achtsamkeit angeregt werden (vgl. Beispiel 1: »Eine Mandarine schälen«). Ich meine dabei nicht, dass man in dieser Weise zu den Kindern reden soll. Vielmehr ist das hier Gesagte mit ihnen in die Tat umzusetzen. Denn wie schon mehrmals betont wurde, ist das konkrete Handeln das Entscheidende. – Die weiteren Beispiele zeigen, dass Kinder oft ohne Einwirkung von Erwachsenen durchaus in der Lage sind, sich ganz der Gegenwart hinzugeben. Solche Situationen entstehen manchmal wie von selbst. Plötzlich sind die Kinder fasziniert, ohne dass wir etwas veranlasst haben. Sie gehen völlig auf in ihrem Tun – im Sehen, Hören, im Dabeisein. Alle Sinne sind aktiv. Das sind wunderbare, geschenkte Momente. Die Rolle der Erwachsenen besteht dann – wenn überhaupt – höchstens darin, an solchen Erfahrungen wohlwollend teilzunehmen (vgl. Beispiele 2–5). – Das letzte Beispiel zeigt noch einmal, wie Erwachsene ohne großen Aufwand glückliche Momente mit Kindern erfahren können, wenn sie sich jeweils der Gegenwart genügend bewusst sind und sie auch für sich selber genießen können (vgl. Beispiel 6: »Eis schlecken«).

1 Eine Mandarine schälen

Dieses Beispiel stammt vom vietnamesischen Zenmeister Thích Nhât Hanh. Er ist nicht nur Mönch, er ist auch ein begnadeter Dichter und Lehrer. Er soll hier direkt zu Wort kommen:

»Kinder, wenn ihr eine Mandarine schält, dann könnt ihr sie mit Achtsamkeit essen oder ohne Achtsamkeit. Esst ihr eine Mandarine achtsam, so ist euch bewusst, dass ihr eine Mandarine esst. Ihr erfahrt vollkommen ihren lieblichen Duft und ihren süßen Geschmack. Schält ihr die Mandarine, so wisst ihr, dass ihr eine Mandarine schält. Nehmt ihr ein Stück und steckt es in euren Mund, so wisst ihr, dass ihr ein Stück nehmt und es in euren Mund steckt. Empfindet ihr den lieblichen Duft und den süßen Geschmack, dann wisst ihr, dass ihr den lieblichen Duft und den süßen Geschmack empfindet. Die Mandarine, die Nandabala mir reichte, hatte neun Teile. Jeden Bissen aß ich ganz bewusst und achtsam, und so erlebte ich, wie kostbar und wundervoll er war. Ich vergaß die Mandarine nicht und daher wurde sie für mich etwas sehr Wirkliches. Ist die Mandarine wirklich, dann ist der Mensch, der sie isst, auch wirklich. Das bedeutet, eine Mandarine mit Achtsamkeit zu essen.

Kinder, was bedeutet es, eine Mandarine ohne Achtsamkeit zu essen? Esst ihr eine Mandarine so, dann ist euch nicht bewusst, dass ihr eine Mandarine esst. Ihr empfindet nicht ihren lieblichen Duft und ihren süßen Geschmack. Schält ihr die Mandarine, so wisst ihr nicht, dass ihr eine Mandarine schält. Nehmt ihr ein Stück und steckt es in euren Mund, so wisst ihr nicht, dass ihr ein Stück nehmt und es in euren Mund steckt. Riecht ihr den Duft der Mandarine und schmeckt ihr sie, so wisst ihr nicht, dass ihr den Duft der Mandarine riecht und sie schmeckt. Esst ihr die Mandarine auf diese Weise, so könnt ihr nicht ihre kostbare, wundervolle Natur wertschätzen. Ist euch nicht bewusst, dass ihr eine Mandarine esst, so ist die Mandarine nicht wirklich. Ist die Mandarine nicht wirklich, dann ist auch die Person, die sie isst, nicht wirklich. Das bedeutet, Kinder, eine Mandarine ohne Achtsamkeit zu essen.

Kinder, eine Mandarine achtsam zu essen bedeutet, wirklich in Berührung mit ihr zu sein, während ihr sie esst. Euer Geist jagt nicht den Gedanken von gestern oder morgen hinterher, er bleibt vielmehr vollkommen im gegenwärtigen Moment. Die Mandarine ist wirklich gegenwärtig. In Achtsamkeit und Bewusstheit leben bedeutet im gegenwärtigen Moment leben; euer Geist und Körper verbleiben wirklich im Hier und Jetzt. Ein Mensch, der achtsam ist, kann Dinge in der Mandarine sehen, die andere nicht erkennen können. Ein bewusster Mensch kann den Mandarinenbaum sehen, die Mandarinenblüte im Frühling, das Sonnenlicht und den Regen, die beide die Mandarine nährten. Schaut ihr ganz genau, könnt ihr die zehntausend Dinge sehen, die die Mandarine möglich gemacht haben. Betrachtet ein Mensch eine Mandarine mit Bewusstheit, so kann er alle Wunder dieses Universums darin erkennen; ebenso kann er sehen, wie die Dinge aufeinander einwirken. Kinder, unser tägliches Leben kann man gut mit einer Mandarine vergleichen. So wie eine Mandarine aus einzelnen Stücken besteht, so besteht ein Tag aus vierundzwanzig Stunden. Eine Stunde ist wie ein Stück der Mandarine, und die vierundzwanzig Stunden eines Tages zu leben ist wie das Essen aller Mandarinenstücke. Der Pfad, den ich gefunden habe, ist der Pfad, jede Stunde des Tages in Bewusstheit zu leben, mit Geist und Körper im gegenwärtigen Moment zu leben. Das Gegenteil ist ein Leben in Unachtsamkeit und Achtlosigkeit. Leben wir unachtsam, dann wissen wir nicht, dass wir lebendig sind. Wir erfahren das Leben nur unvollständig, denn unser Geist und unser Körper verweilen nicht im Hier und Jetzt.«

2 Die Puppe schlafen legen

Andrea sitzt auf dem Boden und singt ein Schlaflied. Es ist das Lied, das ihre Mutter manchmal singt, wenn sie abends an ihrem Bett sitzt. Jetzt singt Andrea das Lied für ihre Puppe. Sie hält sie im Arm und wiegt sie hin und her. Ihre Augen sind auf das Gesicht der Puppe gerichtet. Du bist ja ganz müde, sagt sie, dir fallen ja die Augen zu. Ganz müde bist du, sagt Andrea immer wieder, und fängt nochmals von vorne an, das Lied zu singen. Dann steht sie auf und legt die Puppe ins Puppenbett. Nicht weinen, sagt sie schnell, du musst keine Angst haben, wenn es dunkel ist, ich bleibe noch eine Weile bei dir. Andrea nimmt die kleine Decke vom Boden auf und schüttelt sie. Sie schüttelt sie noch einmal. Sie hält sich die Decke ans Gesicht und fährt sich damit über beide Wangen. Die Decke ist warm, sagt sie, du wirst nicht frieren. Mit beiden Händen legt sie die Decke sorgsam über die Puppe. So, sagt Andrea, jetzt musst du schlafen. Nein, so kannst du ja nicht atmen! Sie zieht die Decke hinunter, damit die Puppe die Nase frei hat. Und die Arme? Willst du die Arme unter oder über der Decke haben? Andrea probiert beides aus und schaut die Puppe an. Wenn du zu warm hast, kannst du nicht gut schlafen. Aber wenn du kalt hast, dann wirst du krank. Und die Pantoffeln? Du hast ja noch die Pantoffeln an! Im Bett braucht man doch keine Pantoffeln! Sie nimmt die Puppe nochmals aus dem Bett und streift ihr die Schuhe ab. Wollen wir nochmals singen? Andrea wiegt wieder die Puppe im Arm, legt sie dann ins Bett und deckt sie wieder zu.

3 Am Feuer sitzen

In einer Waldlichtung haben die Kinder Holz zusammengetragen und gemeinsam mit der Lehrerin ein Feuer entfacht. Es brennt großartig. Hellgelb quillt es aus den Scheiten, unten bildet sich Glut. Jetzt kauern sich die Kinder ins Gras. Aller Augen sind auf das Feuer gerichtet und folgen gebannt dem Spiel der Flammen. Man sieht, wie sie die Holzstücke umzüngeln und sich zuckend hin und her bewegen. Die Kinder beobachten, wie das Feuer flackert und die Flammen ineinander greifen, aufsteigen und sich verlieren. Wer länger hinschaut, wird von der gleißenden Helle regelrecht geblendet. Man hört es knistern im Holz. Funken sprühen. Nahe beim Feuer wird es heiß, fast zu heiß. Einige Kinder rücken ein wenig ab. Andere halten dem Feuer die Hände entgegen, probieren aus, wie weit sie sich nähern können, bis die Hitze zu stark wird. Sie fühlen, wie es heiß wird auf der Haut. Die Gesichter werden rot. Einige rufen laut, andere werden still. Der Holzhaufen schwindet, die Glut mehrt sich und färbt sich rot. Das Feuer brennt langsam nieder. Selbst die größten Holzstrünke haben sich ergeben. Schwarz liegen sie da, in Stücke gebrochen. Einige sind verkohlt, andere ganz verschwunden. Die Flammen greifen immer weniger hoch. Asche liegt da wie ein Teppich aus hellgrauem Sand. Niemand stellt sich darauf, kein Kind rührt ihn an. Die Hitze verflüchtigt sich. Die Glut verlischt. Es wird spürbar kühler.

4 Eine Stadt bauen

Angela, Silvio und Markus bauen eine Stadt. Sie liegen bäuchlings auf dem Boden. Aus einer Schachtel haben sie bemalte Holzwürfel ausgeleert. Da liegen sie, und auf jedem Würfel ist etwas zu sehen: Da ein Haus, dort ein Bus, da eine Straßenecke, hier eine Barriere, ein Kiosk, ein Kirchturm, ein Kaufhaus. Silvio macht sich daran, eine breite Straße zu legen. Er sucht die entsprechenden Würfelklötze heraus. Markus schlägt eine Querstraße vor. Wir brauchen eine Verkehrsinsel, sonst können die Leute nicht einsteigen, sagt Angela. Aber da, sagt Markus, da kann die Verkehrsinsel nicht sein, da ist der Verkehr zu groß. Wie könnten die Leute hier einsteigen? Wir brauchen einen Unterstand für die, die warten müssen. Die Kinder setzen die Stadt zusammen, fügen Element um Element zueinander. Sie bauen den Kaufladen, das Schulhaus, den Bahnhof. Sie sagen einander, was fehlt und was man alles noch braucht, damit eine richtige Stadt entsteht, in der Menschen leben können. Angela legt den Fußgängerstreifen, Silvio findet, einen kleinen Park mit Bäumen müsste es doch auch noch geben. Die Kinder machen einander Vorschläge, sie äußern ihre Ideen. Sie bauen eine Straße um, sie verschieben mehrere Gebäude und lassen ein neues Quartier entstehen. Sie setzen Häuser und Menschen an den richtigen Platz. Gemeinsam sind sie am Überlegen, Planen und Bauen.

5 Farbstifte spitzen

Sabine will die Farbstiftschachtel öffnen. Es geht nicht leicht, die Schachtel klemmt, und Sabine will unbedingt vermeiden, dass die Stifte durch das ruckartige Öffnen auf den Boden fallen. Die Spitzen würden abbrechen. Sie weiß, dass die Minen auch innen brechen können, wenn man die Farbstifte nicht sorgfältig behandelt. Jetzt ist es gelungen: Sie legt den Deckel nach hinten und betrachtet die schönen langen Stifte in allen Farben. Fast neu sind sie noch. Sabine hat sie zum Geburtstag bekommen und erst einmal zum Malen benützt. Sie nimmt die Stifte der Reihe nach aus der Schachtel und legt sie auf den Tisch. Sabine betrachtet die vielen Farben, sie überprüft die Spitzen. Da, der dunkelgrüne Stift ist stumpf. Sie nimmt den Spitzer, hält ihn über den Papierkorb, steckt den Farbstift hinein und dreht ihn ein paar Mal um. Kringel aus dünnem Holz fallen ab. Sabine zieht den Stift heraus und hält ihn ans Licht. Ja, nun sieht die Spitze wieder gut aus. Sie legt den Stift zu den anderen, nimmt den hellbraunen, dann den violetten und dreht diese Stifte ebenfalls im Spitzer. Dann fällt ihr Blick zufrieden auf all die schönen gespitzten Farbstifte auf dem Tisch. Sie räumt die Schachtel wieder ein. Einen Stift nach dem anderen legt sie hinein. Den roten nimmt sie als erstes zur Hand, denn Rot ist ihre Lieblingsfarbe. Den rosaroten legt sie daneben, dann folgt der weiße. Dann kommt der hellgelbe, dann der dunkelgelbe Stift. Sabine denkt: Die Farben, die nebeneinander liegen, müssen alle zueinander passen. Jetzt ist die Schachtel voll. Eine Weile ruhen ihre Augen auf den Farben. Sie gleitet mit der Hand über die Stifte. Dann schließt sie behutsam den Deckel.

6 Eis schlecken

Das folgende Beispiel stammt von Adelheid Meutes-Wilsing und Judith Bossert, die sich als Zen-Meisterinnen einen Namen gemacht haben. Die beiden Frauen schlagen Folgendes vor:

»Laden wir unsere Kinder an einem warmen Sommertag zur Eismeditation ein. Verteilen wir Eis, und setzen wir uns auf das Gras in unserem Garten oder in einer ruhigen Ecke im Stadtpark. Betrachten wir zuerst das herrliche Eis. Lecken wir einmal, und probieren wir die kühle, süße Frische, wie sie unsere Zunge erfrischt und dann den ganzen Gaumen. Registrieren wir genau den Geschmack der Erdbeeren und der Vanille und beim Schlucken das angenehm kühle Gefühl in der Kehle.«

Ausklang

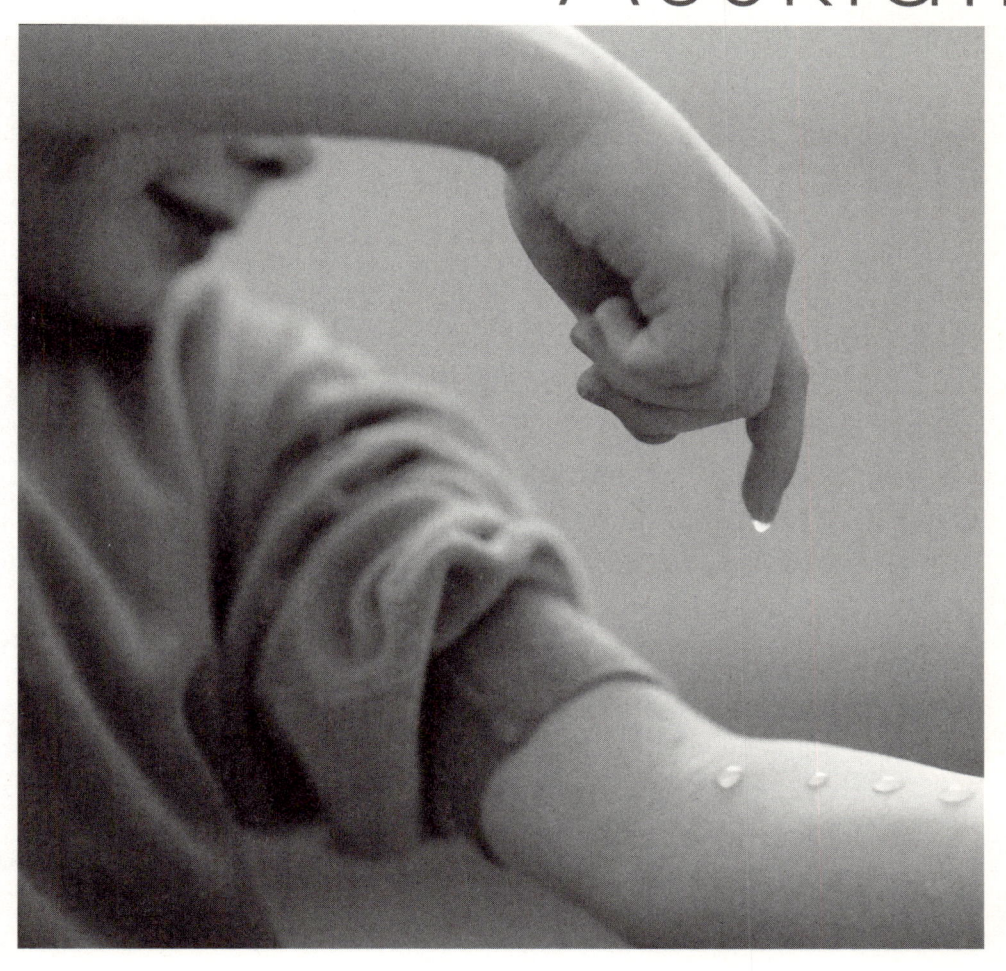

n Windenblüten
trat heute mir vor Augen
das eigne Leben

Haiku von Moritake

Achtsamkeit als Gegenprogramm

Vielleicht gehören Sie zu jenen, die den Kopf schütteln und sagen, es gäbe heutzutage wichtigere pädagogische Aufgaben, als mit den Kindern einem bunten Ball nachzuschauen oder eine Mandarine zu schälen. Oder Sie finden, es sei nicht die Aufgabe der Schule, mit einer Klasse »untätig« am offenen Fenster zu sitzen und kostbare Zeit verstreichen zu lassen. Möglicherweise stehen Sie den Übungsbeispielen dieses Buches skeptisch gegenüber und können sich schlecht vorstellen, dass es Sinn macht, wenn Kinder »nur« stehen oder gehen und merken, dass sie dabei ein- und ausatmen.

Sie denken vielleicht an die Gewalt in den Schulen, gegen die endlich etwas unternommen werden müsste. Oder Sie machen sich Sorgen über Gleichgültigkeit und Verschwendung, über die Zerstörung der Natur und die großen Fragen der Menschheit, mit denen wir und die nachwachsende Generation konfrontiert sind und denen wir nicht ausweichen können.

Die Anregungen in diesem Buch sind selbstverständlich keine Wundermittel, um wie auf Knopfdruck Lösungen für Gegenwartsprobleme zu bekommen.

Sie sind auch kein »Dressurprogramm« für undisziplinierte Kinder, obwohl solche Übungen – wenn sie gelingen – durchaus Ruhe schaffen und mehr Ordnung ins Chaos einer zerfahrenen Gruppe bringen. Das eigentliche Ziel besteht darin, uns selbst und die Kinder empfindungsfähiger und achtsamer werden zu lassen.

Was ist damit gemeint? – Für die Meisterinnen und Meister der Zen-Tradition ist Achtsamkeit das oberste Ziel, das sie immer und überall anstreben. Thích Nhât Hanh erklärt Kindern folgendermaßen, was unter Achtsamkeit zu verstehen ist:

> *»Stellt euch z.B. einen Zauberer vor: einen Zauberer, der seinen Körper in viele Stücke zerschneidet und jeden Teil in eine andere Richtung legt – die Hände in den Süden, die Arme in den Osten, die Beine in den Norden. Dann lässt er mithilfe von Zauberkräften einen Schrei ertönen, der alle Teile seines Körpers wieder zusammenholt. So wirkt Achtsamkeit. Sie ist das Wunder, das auf einen Schlag unseren zerstreuten Geist zurückrufen kann und ihn wieder ganz werden lässt, sodass wir jede Minute unser Leben leben können.«*
>
> *Thích Nhât Hanh*

Mit Erklärungen ist es aber nicht getan. Wie wir gesehen haben, ist im Zen das praktische Üben viel wichtiger als Verstehen und Wissen.

Achtsam zu leben bedeutet, im Hier und Jetzt aufmerksam und in einem positiven Sinn sensibel zu sein. Da gilt es, intensiv zu sehen, zu fühlen und zu erfahren. Das Leben wird respektiert in allen Schattierungen, in seiner Vielfalt und in seinem Reichtum. Die Wirklichkeit wird wirklich, die Gegenwart wird gegenwärtig. Sie wird dabei weder hoch gelobt noch schöngefärbt. Und es wird keine heile Welt heraufbeschworen.

Ohne unser Zutun ist es nicht möglich, dass Kinder eine achtsame Lebenshaltung entwickeln. Im Gegenteil: Viele heutige Kinder haben und machen ja geradezu Mühe mit ihrer Unaufmerksamkeit, Fahrigkeit und Hyperaktivität. Lehrpersonen beklagen sich zunehmend darüber, dass sich viele Kinder heute in der Schule kaum mehr auf etwas konzentrieren können. Doch was geschieht? Ein Teufelskreis ist vorprogrammiert: Je unruhiger die Kinder, desto »unruhiger« das Unterrichtsprogramm. Es gibt Lehrpersonen, die größten Aufwand betreiben, damit die Kinder in der Schule immer wieder mit etwas anderem »gefesselt« werden. Manche Stunden gleichen denn auch einem Unterhaltungsprogramm mit Show und Kick.

Je hektischer das Leben in Schule und Freizeit, desto »aufgedrehter« werden die Kinder, denen man dann mit entsprechend kurzweiligen Angeboten wieder beikommen muss. Was dadurch zwangsläufig auf der Strecke bleibt, ist die Entwicklung von Aufmerksamkeit, Wachsamkeit, Besinnlichkeit. Solche Fähigkeiten konnte man bei Kindern und Jugendlichen früherer Generationen noch eher voraussetzen. Heute müssen sie gelehrt und gelernt werden wie Lesen und Schreiben. Erziehungsverantwortliche stehen hier vor einer neuen Aufgabe: Um die Kinder »auf das Leben vorzubereiten«, genügt es nicht mehr, ihnen nur das schnelle Agieren und Reagieren beizubringen. Sie müssen lernen, sich dem Gegenwärtigen erst einmal zuzuwenden.

Das heißt: Kinder müssen lernen, Dinge und Situationen ernst zu nehmen als das, was sie wirklich sind – ein Stück Leben nämlich, das nicht nur Beachtung, sondern auch Achtung verdient. Unser Anliegen besteht darin, dass die Kinder Sinn für Aktuelles entwickeln können, indem sie feinfühliger werden für das, was in der Gegenwart geschieht.

»Mit Achtsamkeit ist man nicht nur ausgeruht und glücklich, sondern auch aufgeweckt und wach.«

Thích Nhât Hanh

In diesem Sinn ist Achtsamkeit das Gegenteil von blindem und gleichgültigem Verhalten sich selbst und der Umwelt gegenüber. Wir haben es hier sozusagen mit einem Gegenprogramm zu tun: Achtsamkeit setzt einen Gegenpol zu gewalttätigem und zerstörerischem Umgang mit sich selbst und der Umwelt.

Wir könnten nun mit den Kindern über solche Themen Gespräche führen, um ihnen all die großen Gegenwartsprobleme bewusst zu machen. In der Schule – insbesondere im Religions- und Lebenskundeunterricht – wird dies oft getan. In solchen Diskussionen verurteilen die Kinder dann rigoros jede gewaltsame Handlung. Unisono vertreten sie die Meinung, mit Tieren müsse man liebevoll umgehen und ein Mittagessen sei zu schätzen, weil es hungernde Menschen gebe. Hie und da fühlt man sich aber beim Anhören solcher Aussagen an Pestalozzi erinnert: Er hielt nichts vom »Gerede über die sittlich religiösen Dinge« und würde diese Schülergespräche wahrscheinlich auch heute noch als »eitel Maulbraucherei« verurteilen. Denn viele Kinder sind – von manchen Lehrpersonen darin bestärkt– wahre Weltmeister in solchem Reden und Argumentieren. Das Leben im normalen Alltag sieht dann aber oft anders aus.

Gespräche allein bringen keine Verhaltensänderung. Sie bewirken keine Gewaltlosigkeit und keine Bewahrung der Schöpfung. Die Erwachsenen sind gemeinsam mit den Kindern zum Handeln herausgefordert. Erziehung zur Achtsamkeit setzt dort an: Es geht um konkrete Vollzüge in der Praxis, in kleinen Ansätzen.

Dank

Dieses Buch ist nicht allein durch mich entstanden. Zuerst müsste ich Kinder nennen, die dazu beigetragen haben, dass es überhaupt dazu kam. Zum Beispiel jene Kinder, die einen Stein von der Straße auflesen und ihn von allen Seiten betrachten, als hätten sie den Stein der Weisen gefunden. Oder jene, die mitten auf dem Asphalt eine Schnecke finden, sich niederkauern und sie auf ihrem Weg ein Stück weit begleiten. Sie alle haben dieses Buch mitgeschrieben, ohne darum zu wissen. Ich wurde auch von Eltern und Lehrpersonen inspiriert, die zusammen mit Kindern in vielerlei Formen den Weg der Achtsamkeit gehen.

Namentlich danken möchte ich Hans-Rudolf Schärer, der sich als Freund und Germanist – und nicht zuletzt als sensibler Vater – für mein Vorhaben interessiert hat. Mit Sorgfalt hat er das Manuskript gelesen und begutachtet. Auch Christina Breitler gab mir als einfühlsame Therapeutin und Lehrerin wertvolle Hinweise. Von Dorothea Hansen wurde ich als Freundin großartig unterstützt. Claire und Arnold Guntern übten nach den ersten Entwürfen aufbauende Kritik und haben mir damit geholfen, die Arbeit zielstrebig fortzusetzen. Othmar Fries, der zu vielem, was ich mache, etwas zu sagen hat, brachte meinem Vorhaben von Anfang an viel Interesse und Wertschätzung entgegen.

Besonders wichtig und in mancher Hinsicht entscheidend war es für mich, dass sich Niklaus Brantschen als autorisierter Zen-Meister der White Plum Shanga auf das Manuskript eingelassen hat. Sein Vorwort ist kurz und stark – ich bin ihm sehr dankbar dafür. Nicht zuletzt möchte ich Winfried Nonhoff als Lektor im Kösel-Verlag nennen. Mit ihm hat sich von Anfang und wie von selbst eine Zusammenarbeit angebahnt, die Horizonte öffnete und Weichen stellte. Ihm danke ich besonders herzlich.

Literaturhinweise

Brantschen, Niklaus: Der Weg ist in dir. Anregungen zur Meditation. Benziger-Verlag, Zürich [4]1996.

Busslinger-Simmen, Helen/Merz, Vreni/Oser, Fritz: Mit dem Kleinkind Gott erfahren. Anregungen und Gespräche zur christlichen Erziehung von Drei- bis Sechsjährigen. Walter-Verlag, Olten [12]1994.

Dürckheim, Karlfried Graf von: Hara. Die Erdmitte des Menschen. O. W. Barth Verlag im Scherz Verlag, München [21]1999.

Dürckheim, Karlfried Graf von: Meditieren – wozu und wie? Herder Spektrum, Freiburg [3]1996.

Heintel, Peter: Innehalten. Gegen die Beschleunigung – für eine andere Zeitkultur. Herder Spektrum, Freiburg [2]1999.

Huth, Almuth und Werner: Meditation. Begegnung mit der eigenen Mitte. Einführung und Anleitung. Gräfe und Unzer, München 1990.

Kadowaki, Kakichi: In der Mitte des Körpers. Hinführung zur Zen-Meditation. Kösel-Verlag, München 1994.

Kast, Verena: Vom Interesse und dem Sinn der Langeweile. Walter-Verlag, Zürich 2001.

Kohler-Spiegel, Helga/Spiegel, Herta: Meditieren mit Schriften und Formen. Ein Übungsbuch für Erwachsene und Kinder. Kösel-Verlag, München 2000.

Maschwitz, Gerda und Rüdiger: Stille-Übungen mit Kindern. Ein Praxisbuch. Kösel-Verlag, München 1993.

Merkel, Johannes: Spielen, erzählen, fantasieren. Die Sprache der inneren Welt. Verlag Antje Kunstmann, München 2000.

Merz, Vreni: Von außen. Nach innen. Meditieren mit Kindern, Jugendlichen und Erwachsenen in Alltag, Unterricht und Gottesdienst. NZN-Buchverlag, Zürich [2]1995.

Meutes-Wilsing, Adelheid/Bossert, Judith: Die Leichtigkeit des Zen. Zen im Alltag. Theseus Verlag, Berlin 2000.

Müller, Else: Wenn Kraniche ostwärts ziehen. Haiku-Meditation und kreatives Schreiben. Kösel-Verlag, München 1999.

Oser, Fritz: Die Entstehung Gottes im Kinde. Zum Aufbau der Gottesbeziehung in den ersten Schuljahren. Für Katecheten und Eltern. NZN-Buchverlag, Zürich 1992.

Reheis, Fritz: Die Kreativität der Langsamkeit. Neuer Wohlstand durch Entschleunigung. Primus-Verlag, Darmstadt [2]1998.

Schneider, Monika: Horizonte erweitern. Bewegen, Entspannen und Meditieren mit Jugendlichen. Ökotopia Verlag, Münster 1999.

Sölle, Dorothee: Den Rhythmus des Lebens spüren. Inspirierter Alltag. Herder Verlag, Freiburg 2001.

Stutz, Pierre: Heilende Momente. Gebärden, Rituale, Gebete. Kösel-Verlag, München 2000.

Tarr-Krüger, Irmtraud: Vom leichten Glück der einfachen Dinge. Kleine Freuden – große Wirkung. Herder Spektrum, Freiburg [2]1998.

Thích Nhât Hanh: Das Wunder der Achtsamkeit. Einführung in die Meditation. Theseus Verlag, München 1999.

Ulenbrook, Jan: Haiku. Japanische Dreizeiler. Reclam, Stuttgart 1995.

ZEN – Kinder im Lotussitz. Vierteljahres-Zeitschrift für Theorie und Praxis des Zen. Hrsg.: Zenklausen in der Eifel. Jahrgang 8, Nr. 4 (1995).